AF215196

Bei der Erstellung des zweiten Teils der Siedlungsgeschichte des Dorfes Groß Wasserburg konnte ich mich auf die Dokumente des Brandenburgischen Landeshauptarchivs Potsdam, das Archiv des Landkreises Dahme-Spreewald in Luckau, dem Feuerwehrverein Groß Wasserburg und vieler Einwohner stützen.
Ein besonderer Dank gilt Hanna Boge†, Inge und Heinz† Hobeck, Anita Krupsky, Ernst-B. H. von Langenn, Oskar Lehmann†, Familie Gurth, Udo Lehmann, Hans-Joachim Löffler, René Köppen, Erika Menze†, Gerda Miethling†, Familie Friedrich und Ursula Schulze.
Besonders ihre Erinnerungen, die zur Verfügung gestellten Dokumente und Fotos lassen die Geschichte des Dorfes lebendig werden.

Bernhard Heinz Witzsch

Gemeinde – Bildung & Kultur - Vereine

Siedlungsgeschichte eines Ortes am Unterspreewald

Groß Wasserburg Teil II

Bibliografische Information der Deutschen Nationalbibliothek:
Die Deutsche Nationalbibliothek verzeichnet diese Publikation in der Deutschen Nationalbibliografie; detaillierte bibliografische Daten sind im Internet über http://dnb.dnb.de abrufbar.

© 2020 Witzsch, Bernhard Heinz

Redaktionsschluss: 18.10.2019, 15910 Freiwalde

Herstellung und Verlag: BoD – Books on Demand, Norderstedt

ISBN: 978-3-7504-2480-7

Inhaltsverzeichnis

Vorwort

Ein Ort, wie Groß Wasserburg, wird nicht nur über seine Gründungsdaten, sondern zu allererst durch die Arbeit von Generationen seiner Bewohner geprägt. Im ersten Teil der Siedlungsgeschichte mit dem Titel „Häusler – Büdner & Kolonisten – Bauern" sind dazu die Leistungen der Einwohner dargestellt. Mit dem jetzigen zweiten Teil steht sein Gemeinwesen, Aspekte der Bevölkerungsentwicklung, Bildung, Kultur- und Vereinsleben im Zentrum der Betrachtung.
Natürlich gibt dieser Teil der Siedlungsgeschichte auch einen Einblick in die unterschiedlichen gesellschaftspolitischen Zustände. Im Ergebnis der gesellschaftlichen Umbrüche gestaltete sich das Leben der Bevölkerung nicht immer einfach. Verwiesen sei in diesem Zusammenhang auf das Ende der Kaiserzeit nach dem I. Weltkrieg, den zwölf Jahren Faschismus mit dem II. Weltkrieg, der Teilung Deutschlands in zwei unterschiedlichen politischen Systemen sowie zuletzt die Vereinigung Deutschlands in Form eines Beitritts der DDR zur BRD. Immer gab und gibt es Berührungspunkte mit den Nachbardörfern rund um den Unterspreewald. Selbst die wechselnden Kreiszugehörigkeiten beginnend mit Beeskow-Storkow, über Lübben und in der Gegenwart zu Dahme-Spreewald blieben nicht ohne Einfluss auf das Leben im Dorf. Unter dem Strich betrachtet, meisterten die Groß Wasserburger all diese Änderungen in ihrer offenen und bodenständigen Art. Tauchen wir also wieder in seine interessante Ortsgeschichte ein.

Ortsverwaltung

Verwaltung ist immer ein Ausdruck der Machtausübung durch die jeweilig politisch treibende Kraft einer Gesellschaft und so änderte sich diese innerhalb der letzten rund zweihundert Jahre mehrmals[1], eng damit verbunden auch die Kreiszugehörigkeit:

ab – 1728	Herrschaft Königs Wusterhausen
1816 - 1835	Kreis Teltow-Storkow
1836 - 1950	Kreis Beeskow-Storkow
1950 - 1952	Kreis Lübben / Land Brandenburg
1952 - 1993	Kreis Lübben / Bezirk Cottbus / Land Brandenburg
1993 -	Kreis Dahme - Spreewald / Land Brandenburg

Teilweise waren diese sich ändernden Zugehörigkeiten für den Bürger, und für den sollten sie ja in erster Linie sein, schwer nachvollziehbar. Allein in den letzten 75 Jahren änderte sich die kreisliche verwaltungsmäßige Zugehörigkeit für den Ort Groß Wasserburg also vier Mal.

DIE HERRSCHAFT KÖNIGS WUSTERHAUSEN UND DER ALTKREIS BEESKOW-STORKOW

In diesem Abschnitt steht die einstige Herrschaft Königs Wusterhausen im Zentrum der geschichtlichen Betrachtung. Der spätere König von Preußen Friedrich I. begann bereits als Kronprinz mit dem Aufkauf kleinerer adliger Herrschaften bis an die Grenze zu Sachsen. 1698 erfolgte dann die Schenkung der Güter mit Wusterhausen an seinen Kronprinzen Friedrich Wilhelm. Dieser setzte bis zu seinem Tod den Aufkauf weitere Adelssitze fort. Nach deren königlichem Erwerb erfolgte umgehend eine Neuordnung der Verwaltung. Dazu wurden Ämter gebildet, insgesamt 14 an der Zahl. Stellvertretend soll auf die Ämter Blossin ab 1729, Waltersdorf ab 1719, Münchehofe und Krausnick ab 1728 verwiesen werden. Ihre Gründung erfolgte also meist schon im Jahr des Erwerbs der einzelnen Güter. Mehrere Ämter grenzten direkt an das Königreich Sachsen, wie z. B. das Amt Krausnick oder auch Buchholz. Allein ein Blick auf die Landkarte macht die flächenmäßige Ausdehnung der Herrschaft deutlich. Vom Schwielochsee kurz vor Beeskow bis nach Groß Machnow reichte sie. Ab 1810 begann eine schrittweise Zusammenlegung der Ämter mit dem Ergebnis, dass 1844 nur noch die Ämter Buchholz, Wusterhausen, Krausnick und Trebatsch bestanden. Das Amt Buchholz profitierte von diesen Zusammenlegungen, denn schon 1824 übernahm es das Amt Münchehofe und als Letztes kam 1848 das Amt Krausnick hinzu. So waren es nur noch drei. Heut würden wir das als eine Verschlankung der

Verwaltung bezeichnen. Blossin und Waltersdorf wurden zu Rentämter. Auch das Amt Buchholz wandelte sich in der Folge zu einem „Rentamt", welches die herrschaftlichen Einnahmen verwaltete. Rentämter können als Vorläufer unserer heutigen Finanzämter zu verstehen sein. Im Rahmen der Separation ergab sich das Erfordernis, Verwaltungen effektiver zu gestalten. Konzentration in einige wenige Ämter war der angesagt. Ihr Einfluss ist in diesem Zusammenhang aber nicht geringer geworden, wie wir aus dem Beeskower Kreisblatt vom Mai 1855 erfahren. Zitat: „In Folge Allerhöchster Cabinets-Ordre vom 12. Febr. d. J. sind die zur königlichen Hausfideicomiß-Herrschaft-Wusterhausen gehörenden Güter Buchholz, Hermsdorf, Krausnick, Trebatsch und Schloß, Kossenblatt als landtagsfähige Rittergüter in einem Nachtrag zur Matrikel der Rittergüter des Kreises eingetragen worden, was hierdurch zur öffentlichen Kenntnis gebracht wird. Beeskow, den 15. Mai 1855 – Der Landrat". Somit konnte über das geänderte Abstimmungsverhältniss im Landtag die Interessen der Herrschaft Königs Wusterhausen trotzdem gewahrt werden, und das ohne all die vorherigen Ämter.

Nach dieser sehr gerafft dargestellten Geschichte stellt sich die Frage nach dem Sinn und Zweck der Herrschaft Königs Wusterhausen. Wie in weiteren königlichen Herrschaften waren die Ämter der Wusterhausener Herrschaft zuerst Schatullgüter, also der private Besitz der Königsfamilie. Das Finanzsystem Preußens unterschied Domänen- und Schatullgüter. Friedrich Wilhelm I. veranlasste per Edikt vom 13. August 1713 die Schaffung von Kammergütern, in denen beide Gutsformen als Staatsdomä-

Berlin, den 4. April 1859.

Königliche Hofkammer der Königlichen Familiengüter.
v. Obstfelder.   v. Schele.

Königliche Hofkammer
der Königlichen Familiengüter.   Charlottenburg, den _____ 19 ___

Geschäfts-Nr. _____ 'F.

nen aufgingen. Wichtig für die Herrschaft war, dass sie ab 1844 unter das Erb- und Sachrecht des Familienfideikommiss gefallen war und durch die im Jahre 1843 gebildete Hofkammer der königlichen Familiengüter verwaltet wurde. Unter dem Strich ein schönes Stück hohenzollersches Privateigentum, das so bis 1945 bestand. Dieser Umstand gab immer wieder Anlass zu Kritik. Zumal die Hohenzollern über diesen privatrechtlichen Besitzstatus die Möglichkeit der ständigen Einflussnahme auf die örtliche und regionale Verwaltung hatte. Das erfolgte über die Gutsbezirke, die in vielen Dörfern neben der Gemeinde bestanden. Nach dem Gemeindeverzeichnis von 1900 werden Gutsbezirke in den Orten Blossin, Birkholz, Groß und Klein Eichholz, Krausnick, Lindenberg, Münchehofe, Neuendorf See, Reichenwalde, Schwerin, Streganz, Tauche, Trebatsch, Groß Wasserburg und Wendisch Buchholz aufgeführt die zum Fideikommiss gehörten.

Im Ergebnis der Abdankung von Kaiser Wilhelm II. nach dem I. Weltkrieg entstand der Freistaat Preußen. Eine Änderung der Verwaltungsstruktur hatte das allerdings nicht zur Folge. Wendisch Buchholz blieb für die Unterpreewalddörfer das örtliche

Zentrum mit seinem Amtsgericht, Notar und Sparkassenfiliale. Erst während der Weimarer Republik erfolgte ein Eingriff in dieses privatrechtliche hohenzollersche Konstrukt der Gutsbezirke. Mit Stichtag vom 30. September 1929 wurden die Gutsbezirke im Rahmen einer Gebietsreform aufgelöst und ihre Ländereien, wie jeder andere Besitz an Grund und Boden, in die Verwaltungshoheit der jeweiligen Gemeinde überführt. Diese Auflösung bedeutete allerdings keine Enteignung an Grund und Boden. Damit hörte aber endlich der überkommene preußische Verwaltungsdualismus auf kommunaler Ebene auf.

Der Kreis Beeskow-Storkow war ja Bestandteil der Herrschaft Königs Wusterhausen. Ursprünglich waren Beeskow und Storkow zwei getrennte Herrschaften innerhalb des Besitzes des Adelsgeschlechts derer von Bieberstein. Geldnöte zwangen die Bieberstein 1518 allerdings zur Verpfändung an den Bischof von Lebus. Das Pfand konnte nicht mehr ausgelöst werden und als 1551 das Geschlecht ausstarb fiel das Lehen nominell an die böhmische Krone. Um die Jahreswende 1555/56 kam das Pfand an den brandenburgischen Markgrafen Johann von Küstrin. Auch der böhmische König und deutsche Kaiser Ferdinand I. war ständig in Geldnot und so verlängerte er den Pfandbesitz gegen große Summen an Geldzahlungen. Erst Kurfürst Johann Georg erlangte 1575 die erbliche Belehnung der Lausitz. Ab da waren die Herrschaften Beeskow und Storkow de facto Teil der Kurmark mit einer böhmischen Oberlehnsherrschaft, die bis 1742 weiter bestand. Beide Herrschaften behielten zunächst eigenständige Verwaltungen, bis während des 18. Jahrhunderts ihre Gemeinsamkeiten durch viele verwaltungsrechtliche Bindungen wuchsen. Nur dadurch konnte sich langsam der Beeskow-Storkowische Kreis bilden. 1815 ist er aber schon wieder aufgelöst und erst zum 1. Januar 1836 als preußischer Kreis neu etabliert worden. So wie er dann bis 1950 bestand. Das königliche Amt Krausnick umfasste die Dörfer Groß Wasserburg, Köthen und Leibsch als Bestandteil dieses Kreises. Der Kreis gehörte ab 1. Juli 1867 zum Norddeutschen Bund und per 1. Januar 1871 zum Deutschen Reich. Zum 1. Januar 1939 bekam der Kreis die Bezeichnung Landkreis Beeskow-Storkow. Dieser Landkreis mit seinen 96 Städten und Dörfern wurde am 1. Juli 1950 per Gesetz[2] aufgelöst.

FISCHEREIRECHTE ZWISCHEN KÖTHENER SEE UND SPREE

Die Dörfer zwischen Neuendorfer See, Dahme und der Spree leben über die Jahrhunderte von und mit den sie umgebenden Gewässern. Wie das ausgestaltet war, wird am Beispiel der Dörfer Köthen, Leibsch und Groß Wasserburg kurz dargestellt werden. Es ist ein kleines Gebiet am Rand des Bergspreewaldes. Der Ausschnitt aus der Übersichtskarte des Kreises Beeskow-Storkow von 1909 gibt es wieder.

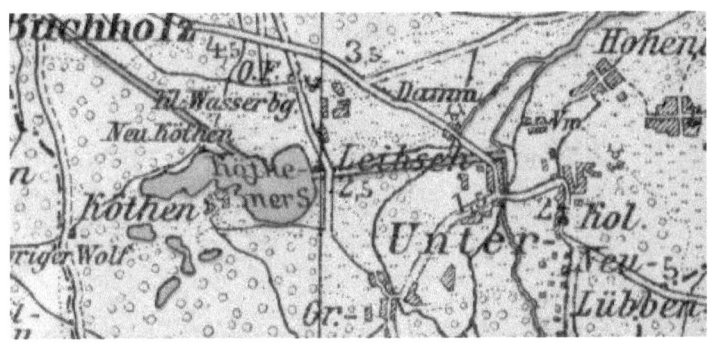

Die Fischerei zwischen dem Köthener See und der Spree am Ausgang des Unterspreewaldes bei Leibsch war ein traditioneller Zweig der Nahrungsbeschaffung für die Anwohner. Fischereirechte spielten dabei eine wichtige Rolle. Anfangs hatten die adligen Grundherren dieses Recht inne. So erwarben die Gebrüder von Langen zu Wasserburg im Jahr 1628 den Rittersitz Krausnick mit dem ½ Dorf Köthen und ¼ von Leibsch. Mit diesem Erwerb[1] gingen selbstverständlich auch die Fischereirechte an sie über. Bereits während des 30jährigen Krieges und dann verstärkt nach dessen Ende änderte sich die Nutzungsform von der Grundherrschaft hin zu einer Gutsherrschaft. Für Köthen bedeutete das, dass die Kossäten aber auch Untertanen in Leibsch abgabepflichtige Rechte, so auch einzelne Fischereirechte, erhielten. Nach einem Auszug aus den Entscheidungen des Cöllnischen Konsistoriums für die Jahre 1541 – 1704 wurde verpflichtend festgehalten, Zitat: "... die Gemeinen und Einwohner in Cöhten müssen dem Pfarrer … Fische jährlich geben. 1663. 1. December." Abgaben konnten allerdings nur dann erbracht werden, wenn die dazu Verpflichteten auch das Recht zum Fischen besaßen. Die Köthener scheinen also dieses Recht bereits im 17. Jahrhundert besessen zu haben. Fast zur gleichen Zeit bauten die "Untertanen zu Leibsch und Wasserburg" ab 1675 eigene Fischwehre[2] im "oberen Spreestrome". Das kann nur bedeuten, dass sie gleichfalls über solche Fischereirechte verfügten. Als Wasserburger Untertanen war sicherlich nur der Müller samt Familie zu verstehen. Ob diese Fischwehre zu Recht errichtet waren, ist jedoch nicht zweifelsfrei belegt, denn es kam immer wieder zu Streitigkeiten zwischen Bewohnern von Leibsch und dem Amt Storkow. So veranlasste der ‚Storkower Amtsschösser' mehrmals die Zerstörung der Fischwehre in den Jahren von 1699 bis 1719. Wenn der Amtsschösser aktiv wurde, dann waren eigentlich immer Steuern gefragt. Inwieweit eine Leibscher Steuerschuld bestand, die seine Handlungsweise rechtfertigte, ist nicht ersichtlich. Fazit, die Fischwehre waren unbrauchbar. Ein weiteres Fischereirecht betraf hauptsächlich die abhängigen Insassen von Leibsch und Wasserburg, den sogenannten "Gesenfang" auf den vom Hochwasser überfluteten Wiesen. Besonders links und rechts der Mühlenspree oder den Wiesen neben der Hauptspree in Richtung Hohenbrück und Neuendorfer See blieben viele Fische nach dem Ablaufen des Hochwassers in den Senken zurück. Sie durften gefangen, besser gesagt, eingesammelt werden. Ein Teil musste davon selbstverständlich im Gut auf dem Tisch landen und der Rest diente zur eigenen Nahrung. Über all die Jahrhunderte besaßen die (Groß) Wasserburger Insassen jedoch keinerlei Fischereirechte auf dem Köthener See. So betraf die Verpachtung von Nutzungsrechten auf dem See nur die dortigen Kossäten. Noch vor dem von Langenschen Verkauf ihrer Besitzungen an den preußischen König im Jahre 1728 verpachteten sie z. B. den See und die heutigen Heideseen an die von Schlieben. Schon 1726 war die Verpachtung vom Luchsee erfolgt. Weitere Gewässer entlang der Spree pachteten im gleichen Jahr die von Stutterheim[3].

Erst mit dem "Edikt über den erleichterten Besitz und den freien Gebrauch des Grundeigentums" vom 9. Oktober 1807 wurde eine Befreiung der ländlichen Bevölkerung in Preußen in die Tat umgesetzt. Im Jahre 1810 folgte die Aufhebung der Untertänigkeit der bis dahin abhängigen Häusler, Büdner und Kossäten. Damit war der Weg für eine umfassende Bauernbefreiung frei. Jetzt konnten auch die einst abhängigen Insassen von Köthen, Leibsch, Krausnick und Groß Wasserburg die vormals grundherrlichen Rechte erwerben bzw. übertragen bekommen. Fischereiberechtigungen gehörten dazu. So erlangten bereits in den Jahren 1827 bis 1831 elf "Mitglieder der Kossätengemeinde in Köthen" Fischereiberechtigungen[4] auf den Köthener Seen. Mit der Bezeichnung Köthener Seen sind nicht nur der See selbst, sondern auch die heutigen Heideseen eingeschlossen. Mit Pachtvertrag vom 24. Okt. 1850 und 11. Jan. 1851 erhielten zwei Fischereimeister[5] "die Fischerei in mehreren Seen bei dem Dorf Köthen". Wenig später klagten ab 1859 "zwölf Dorfgenossen" aus Köthen gegen die königliche Hofkammer bzgl. ihrer Fischereigerechtsame auf dem Köthener See. Interessant ist in diesem Zusammenhang, dass es immer kollektive Klagegemeinschaften waren. Eingriffe in den Flusslauf der Spree blieben mit Sicherheit nicht ohne Folgen für die Fischerei. Wenn zum Beispiel der Groß Wasserburger Mühlenbesitzer Greiser einen "Staudamm im Puhlstrom des Unter-Spreewald" errichtete, dann sicherte er einerseits den Betrieb seiner Mühle, das hatte aber andererseits auch Einfluss auf das Fliesverhalten der Gewässer und ihres Fischbestandes. Auch hinsichtlich der Nutzung der Spree und ihrer Fliese zum Fischen gab es unterschiedliche Auffassungen. Nach der Angliederung der sächsischen Niederlausitz an Preußen trafen zwei unterschiedliche Praktiken zur Ausübung der Fischerei aufeinander. In Preußen war die Fischerei-.Gerechtsame mitunter Bestandteil der Erbverschreibungen. Im ehemals sächsischen Schlepzig war das Fischereirecht an die Höfe gebunden und konnte damit wie dieser vererbt werden. Ab 1891 strebten die Schlepziger[6] einen "Prozeß wegen Ausübung der Fischerei im Wasserburger Busch" an. Ein weiterer Akt in diesem Zusammenhang waren mehrere Anträge von Leibscher Bauern[7] ab 1896 "auf Eintragung von Fischereirechten für die Kleine Spree, für die Große Spree und für die Wasserburger Spree". All diese Beispiele machen einen gewissen ungeklärten Status hinsichtlich der Fischereirechte am Rande des Unterspreewaldes deutlich. Ab dem Jahr 1897 kam es dann zur Herstellung klarer Rechtsverhältnisse für die Fischereinutzung. Deren Durchsetzung dann in der Verantwortlichkeit der Oberförsterei Klein Wasserburg[8] lag. Vom Köthener See, bis zur Spree und Bereiche des Unterspreewaldes galten jetzt einheitliche Rechtsverhältnisse. Wie wichtig für die Menschen damals diese Rechte waren, wird auch nach dem Bau des Dahme-Umflutkanal deutlich. Die Gemeinde Köthen[9] stellte 1918 gemeinsam mit dem Preußisch-Brandenburgischen Hausfideikommiss Anträge zur Eintragung von Fischereirechten auf dem neuen Kanal. Die Gemeinde Köthen handelte hier letztendlich um Rechte für ihre ansässigen Bauern. Und noch 1926 stellte ein Bauer aus Leibsch einen Antrag[10] auf "Eintragung von Fischereirechten für die Große Spree, die Wasserburger Spree und die Kleine Spree". Aus Köthen klagten 1927 bis 1933 mehrere "Genossen"[11] wegen der Fischereiberechtigung und der Fischereientschädigung auf dem Köthener See. Sicherlich rührten einige dieser Aktivitäten aus den unterschiedlichen Interessen der Landwirte und den Berufsfischern her. Wenn z. B. der Fischermeister Gärisch durch mehrere Pachtverträge die Fischereinutzung auf dem Köthener See, dem Großen Wehrigsee und anderen Gewässern erhielt, darin sahen einige Köthener Bauern ihre einst verbrieften Fischereiberechtigungen zumindest eingeschränkt. Mit der Bodenreform von 1946 änderten sich selbstverständlich auch die Besitzverhältnisse an den Gewässern mit den an sie gebundenen Fischereirechten. Ausnahme blieben die einst sächsischen Fischereihofrechte in Schlepzig. Noch in der Gegenwart haben diese Rechte Bestand. Ein tausendjähriger Ort hatte seine ererbten Rechte also auch in die Neuzeit gerettet. Dem gegenüber hatten die angesiedelten Büdner in Groß Wasserburg nie Fischereirechte besessen. Ihnen blieben nur die genehmigten Angelberechtigungen im Pusch oder auf der Mühlenspree. Besonders in wirtschaftlich schlechten Zeiten sicherten aber auch diese Angelberechtigungen das Überleben der Familien. Fischerei gehörte und gehört nach wie vor in diese Brandenburger Landschaft rund um den Unterspreewald.

VERWALTUNG BIS 1932

Bis zu dem Zeitpunkt, als das preußische Königshaus das Sagen auch in dieser Region übernahm, benötigten die Einwohner keine eigene Verwaltung. Das besorgten die adligen Grundherren, hier die Freiherren von Langen. Warum war das so? Erstens war die Bevölkerungszahl zu gering, zweitens gab es anfangs nur abhängige Häusler und Kossäten, drittens hatten diese ja ohnehin nichts zu sagen. Also das Adelsgeschlecht bestimmte über 250 Jahre die Geschicke der gesellschaftlichen Entwicklung in der Region am Unterspreewald. Mit dem Kauf von Münchehofe am 18. Juni 1486 begann es. Als Wasserburg 1554 erstmals urkundlich in Erscheinung trat, ist Georg von Langen zu Münchehofe und Krausnick zwei Jahre später neben diesen beiden Dörfern noch mit Hermsdorf, Groß Eichholz, Neuendorf am See, Schwerin und Birkholz belehnt. Köthen und Leibsch sind wenig später mit benannt. Immer wieder kam es zu Teilungen dieses großen Besitzes, siehe Wasserburg, meist durch den üblichen Erbgang. Auch andere Adelshäuser, soweit sie mit den von Langen auf irgendeine Art und Weise liiert waren, kamen so zu kleinflächigen Besitzungen. Im Rahmen der Aufkaufwelle vom Wilhelm I. wird diese Besitzsplittung[3] deutlich, wenn er nicht nur den Besitz derer von Langen, sondern auch den ihren Verwandten auf Neuendorf (von Stutterheim) und Krausnick (von Oppen) gleich mit käuflich erwarb. In diesem Zuge galt es die Finanzen, sprich die Einnahmen, neu zu ordnen. Dazu dienten hauptsächlich königliche Domänen, wie die in Münchehofe. Da fast 90 Prozent der über sie generierten Einnahmen dem Militär zuflossen, wird deren Verwaltung anfangs über das „Generaloberkriegs-Finanz- und Domänendirektorium" wahrgenommen. Dazu kam ab 1660 die Akzise, eine Verbrauchssteuer auf viele Güter des täglichen Bedarfs. Sie ist eine der wichtigsten Geldquellen für die preußische Armee und war durch die Grundbesitzer aufzubringen. Interessant, im 19. Jahrhundert wird die Akzise abgeschafft und durch Verbrauchs- und Luxussteuern ersetzt. Abgeschafft bedeutet aber nicht, dass diese staatliche Einnahmequelle völlig aus den Köpfen der Finanzbeamten verschwindet. Modifiziert ist sie als Mehrwertsteuer im 20. Jahrhundert wieder auferstanden und verteuert so Erzeugnisse des täglichen Bedarfs, wie z. B. Butter, Salz, Fleischprodukte, Brot und vieles mehr. All diese Einnahmen konnten allerdings nur durch hier wohnende und arbeitende Menschen generiert werden. Nach Abschluss der königlichen Aufkäufe gewann die Neuansiedlung an Fahrt. Die innerhalb der Domäne Münchehofe entstandenen Ämter sind in der Folge an den meistbietenden bürgerlichen ‚Generalpächter', den Amtmann übergegangen. „Der adlige Amtshauptmann verschwand und wurde durch die kapitalkräftigen Generalpächter ersetzt."[4] Für das Amt Krausnick sind folgende bürgerliche Pächter als Amtmann nachgewiesen: Strupp, Krause, Palm. Obwohl Friedrich der Große die „Edelleute", sprich Adligen, in den meisten Bereichen für die Befähigten hielt, machte er bei den Pächtern der Ämter aus rein wirtschaftlichen Erwägungen heraus Zugeständnisse.

Das heutige Krausnicker Pfarramt war einst adliges Herrenhaus, dann das Amtshaus und ist mehrfach umgebaut worden..

Ein Amtmann war nicht nur mit Rechten gegenüber der ansässigen Bevölkerung, sondern auch mit Pflichten ihnen gegenüber betraut. Neben der Sicherung seines Einkommens, aus denen ja die jährliche Pacht bestritten werden musste, war er für die Sicherung der Ordnung in den vielfältigsten Bereichen seines Amtes zuständig. Verpflichtungen dazu ergaben sich u. a. aus dem Wege-, Wasser-, Forst-, Fischerei- und Baurecht.

Mittels der Pächter setzten sich zunehmend modernere Anbaumethoden rascher durch. Erwähnt sollen Fruchtfolgen, Tiefpflügen, Anbau von Futterkräutern, Einsatz erster Sämaschinen oder der Kartoffelanbau sein. Es erhöhte sich der Ertrag und somit der Gewinn im Amt. Dazu bedurfte es aber auch Menschen, die das bewerkstelligten. Zusätzlich neben den Einheimischen platzierten vor allem Wilhelm I und Friedrich II ausländische Siedler in den Dörfern um den Unterspreewald. Wie bereits im ersten Teil der Siedlungsgeschichte (2017) ausgeführt sind zwei Siedlungswellen für Wasserburg erkennbar, 1748 und 1766. Im Ergebnis haben insgesamt 23 Siedler ihre Erbverschreibungen als Büdner erhalten. Das Krausnicker Vorwerk Wasserburg gehörte also ab da zur bereits erwähnten Herrschaft Königs Wusterhausen, und das sollte fast zweihundert Jahre so bleiben. Die Büdner waren ja nicht allein gekommen, jeder brachte Frau und Kinder mit. Jetzt galt es, das Zusammenleben und die Arbeit neu zu organisieren. Weil der Amtmann in Krausnick saß und daher nicht in jedem seiner amtsangehörigen Orte gegenwärtig sein konnte setzte er Dorfschulzen ein. Johann George Schadow war ab 1766 der vereidigte Dorfschulze in Wasserburg. Rechte und Pflichten des Schulzen waren in der „Erneuerte und verbesserte Dorf=Ordnung des Königreichs Preußen" vom 22. September 1751 wie folgt festgeschrieben:

1. Königliche und Amts=Befehle bekannt zu machen
2. Die vom Amte verlangten Schaarwerks=Dienste anzukündigen und zu deren Leistung anzuhalten
3. Haltung der Gehege, Bewahrung der Feuerstellen, Stege und Wege
4. Was in der Dorf=Ordnung vorgeschrieben ist, gebührend zu halten
5. Wieder=Besetzung etwa wüster Höfe zu befördern
6. Dem Beamten üble Wirthe anzuzeigen

Entsprechend der gesellschaftlichen Entwicklung ist die Dorfordnung ständig überarbeitet und angepasst worden. Mit der „Gemeinde-Ordnung für den Preußischen Staat" vom 11. März 1850 erfolgte nach Abschluss der Separation eine solche Erneuerung per Gesetzgebung. In ihr wurden u. a. auch die Modalitäten zur Wahl des Gemeinderats festgelegt. Wahlberechtigt war nicht jeder männliche Einwohner. Wenn er Armen-Unterstützung erhielt, wenn er Gemeinde-Abgaben nicht gezahlt hat und weniger als 2 Taler im Jahr an direkten Steuern entrichtet, ist sein Wahlrecht verwirkt. Frauen hatten ohnehin kein Wahlrecht. Über jedes zu wählende Mitglied des Gemeinderats war einzeln abzustimmen. Danach ist der Dorf-Schulze Karl Noack ab 1852 als erster gewählter Vertreter der Groß Wasserburger Gemeinde zu betrachten. Im gleichen Zusammenhang wurde die Preußische Verfassung vom 31. Januar 1850 erlassen und damit die Ergebnisse der Verfassung vom 5. Dezember 1848 revidiert worden. Also, die Zugeständnisse die im Ergebnis der revolutionären Ereignisse gewährt waren sind damit vom Tisch und das preußische Ständesystem ist bestehen geblieben. Auch die folgenden 22 Änderungen haben die Machtausübung des preußischen Königs nicht gefährdet. So blieb faktisch die 1850er Verfassung bis zum 9. November 1918 gültig und erst mit Artikel 81 der Verfassung des Freistaats Preußen vom 30. November 1920 gilt sie als aufgehoben.

Ab 1836 war die südliche Kreisgrenze von Beeskow-Storkow entlang der „Wasserburger Spree" festgelegt. Jenseits des auch heute noch so bezeichneten Fließ begann bereits der Lübbener bzw. Krummspreesche Kreis. Noch früher, bis 1815, war das die Grenze zwischen den Königreichen Preußen und Sachsen. Wie bereits mehrfach erwähnt, unsere Gemeinde war verwaltungsmäßig eng mit dem Städtchen Wendisch bzw. dem heutigen Märkisch Buchholz verbunden. Neben Geschäften, Gaststätten und Handwerksbetrieben gab es hier eine Reihe von wichtigen Verwaltungen:

- Beim Katasteramt klärte man seinen Besitz.
- Alle Rechtsbelange konnten auf dem dortigen Amtsgericht erledigt werden. Erst nach Gründung des Deutschen Kaiserreiches 1871 wurde es Amtsgericht. Bis dahin fungierte es nur als „Gerichts-Kommission" des Kreisgerichtes in Beeskow.
- Das Rentamt lag gegenüber dem Gericht und war für die Amtsdörfer Krausnick, Münchehofe und das Städtchen Teupitz zuständig.
- Geldinstitute, eine Filiale der Kreissparkasse Beeskow-Storkow

Für die Bauern aus den umliegenden Orten von großem Vorteil. Bereits zu Beginn des 19.Jahrhunderts wurde in Wendisch Buchholz durch eine Gerichtskommission Recht gesprochen. Im Jahre 1906/07 war dieses Gericht mit Amtsrichter, Assistent, Sekretär, Gerichtsdiener, Gerichtsvollzieher und dem Gefangenenaufseher[5] besetzt. Gefangene dürften nicht die Regel gewesen sein, vielmehr werden es kurzfristig festgesetzte vagabundierende Personen gewesen sein.

Groß Wasserburg gehörte ja über einen längeren Zeitraum dem 'Amtsbezirk Krausnick' an. Die Kirche, das Standesamt, der Amtsbürgermeister und die Gendarmeriestation waren wichtige kommunale Institutionen für die Einwohner des Amtsbezirks. Übergeordnete Verwaltungsorgane waren dagegen in den beiden Städten Beeskow und Storkow angesiedelt. Wehrpflicht war gesetzlich verankert und so hatten die Ortsvorsteher dafür zu sorgen, dass die „Militärdienstpflichtigen" zur Musterung antraten. Am 16. Juli 1855 fand solch eine Musterung für den Jahrgang 1835 in Storkow statt.

Auch in dieser längst verflossenen Zeit waren Steuern zur Sicherung der Verwaltung von Staat, Provinz, Kreis und Gemeinde aufzubringen. 1856 sind die finanziellen

Mittel des Kreis-Kommunal-Fonds „gänzlich erschöpft". Ursache, es war seit 1853 versäumt worden entsprechende Beiträge einzuziehen. Jetzt „… sollen die Kreis-Kommunal-Kosten (…) auf die Städte und das platte Land verteilt und getragen werden …"[6] Krausnick, Leibsch und Groß Wasserburg hatten demnach gemeinsam 38 Taler 55 Silbergroschen und 11 Pfennige aufzubringen. Der Anteil der von den Bauern aus Groß Wasserburg aufzubringen war lag bei 9 Thlr 14 Sgr, und ist als recht gering einzuschätzen. Das lag an der Besitzverteilung im Dorf. Denn neben den steuerpflichtigen Bauern gab es noch das bedeutend größere „Hofkammergut Groß Wasserburg", und das hatte in diesem Fall keine Nachzahlungen zu leisten. Wie sahen nun diese Besitzverhältnisse im Dorf aus? Das erfahren wir aus Bekanntmachungen in den Amtlichen Kreisblättern vom 26. April 1871 und 9. Dezember 1871. Die Gemeinde hatte, Zitat: „… zur Deckung der Kreisbedürfnisse, insbesondere der Beiträge des Kreises zu Lasten des Krieges (…) aufzubringen" 18 Thlr 20 Sgr und 5 Pf. Berechnungsgrundlage für diese Besteuerung erfolgte „nach Verhältnis der Grund-, Gebäude- Einkommens- und Klassensteuer". Krausnick als Gemeinde, hatte dagegen über 69 Taler aufzubringen. Eine zweite Besteuerung betraf die Grundbesitzer. Hier war der ermittelte und festgestellte Reinertrag sämtlicher Liegenschaften maßgebend. Dadurch wird auch das schon angesprochene Missverhältnis Gemeinde zu Hofkammergut deutlich. Demnach erwirtschafteten alle bäuerlichen Hofbesitzer in Groß Wasserburg zusammen 415,99 Thlr und das ansässige Hofkammergut 1.193,09 Thlr im vorherigen Bemessungsjahr. Wenn in diesem Steuerbeispiel von Lasten des Krieges gesprochen wird, dann war der Deutsch-Französische-Krieg 1870/71 gemeint. Auch in den folgenden Jahren war manch weitere Steuer zu entrichten, so eine Viehsteuer pro Stück Pferd, Rind oder Schwein. Dazu kam eine Milzbrand-Abgabe. 1909 betrug die Viehsteuer pro Pferd 5 und 14 Pfennig für ein Rind. Die Milzbrandabgabe schlug dazu noch mit 1 Pfennig je Stück Vieh zu buche. Auch in der Krausnicker-Ortschronik wird auf diese Steuer verwiesen. Trotzt der Abgaben stabilisierte sich die wirtschaftliche und soziale Lage der Kleinbauernhöfe. Das drückt sich auch darin aus, dass die finanziellen Belastungen aus den Ablöserezessen bis zum I. Weltkrieg weitestgehend abgetragen waren. Auch mehrere neue Bauernwirtschaften entstanden während dieser Zeit. Erst nach dem verlorenen Krieg verschlechterte sich das Leben im Dorf. Inflation, höhere Steuern und letztendlich die Weltwirtschaftskrise zum Ende der zwanziger Jahre wirkten sich besonders negativ auf die Kleinbauernwirtschaften aus.

Aus den jährlichen Kreiskalendern Beeskow-Storkow kann die damalige Verwaltungsstruktur nachvollzogen werden. Unter der Rubrik 'Reg.-Bez. Potsdam' ist der Kreis Beeskow-Storkow als Nr.8, Groß Wasserburg als 'Dorf ohne Kirche' mit der Ortsbezeichnung 'Wasserburg' und Märkisch Buchholz ist noch mit seinem alten Namen 'Wendisch Buchholz'[7] aufgeführt. Erst während des III. Reichs erfolgte 1937 aus Gründen der ‚Germanisierung' die Umbenennung in Märkisch Buchholz. Eine mögliche Rückbenennung auf Wendisch Buchholz wurde 1948 mehrheitlich durch die Einwohner abgelehnt und so blieb es bei Märkisch Buchholz. Bis zur Gebietsreform von 1952 spielte für die hier lebenden Menschen die jeweilige Kreisangehörigkeit keine

Rolle. Ob Kreis Teltow, Beeskow-Storkow oder Lübben, alle Verwaltungsaktivitäten waren, wie bereits erwähnt, auf und in Märkisch Buchholz ausgerichtet.

GROSS WASSERBURG 1933 - 1945

Gern haben die neuen Machthaber auf die sich rasch ändernde politische Einstellung der ländlichen Bevölkerung verwiesen. Zu Groß Wasserburg ist in der Chronik des Schulaufsichtskreises Beeskow von 1943 nachzulesen, Zitat: „Nur 2 Erbhöfe sind heute im Ort. Politisch gesehen war der Ort nach dem Weltkrieg in 2 Lager gespalten. Die überwiegende Mehrheit war linksgerichtet. Mit dem Bekanntwerden der Idee des Führers fanden sich auch hier bald Anhänger. Heute zählt der kleine Ort von 250 Einwohnern 42 Parteigenossen." Zu bedenken ist dabei, es gab nur 45 Bauernhöfe im Ort. Eine derartig rasche politische Umprofilierung vollzog sich auch in den Nachbardörfern. In Leibsch hatte sich eine schlagkräftige SA-Gruppe, in Neu Lübbenau ein Agitationszentrum gebildet. Bis zur Machtübernahme gehörten Störungen von Wahlversammlungen anderer Parteien auf die Tagesordnung. So berichtete NS-Kreisschulungsleiter Hennig aus Neu Lübbenau im Kreiskalender 1939 Beeskow-Storkow[8] davon, dass es ihm „hauptsächlich unter Schutz der Leibscher und Neulübbenauer SA gelang" die Wahlversammlungen der SPD in Neu Lübbenau, Hohenbrück und Alt Schadow zu sprengen. Bezogen auf Alt Schadow, sprach er sogar von „schlagkräftigen Argumenten". In einem solch politisch und wirtschaftlich aufgeheizten Klima viel es den Nationalsozialisten nicht schwer Zustimmung zu erlangen und nach der Machtübernahme widerstandslos ihre Gleichschaltung in allen Bereichen des öffentlichen Lebens durchzusetzen. In diesem Zusammenhang sei darauf verwiesen, dass bereits die Kinder und Jugendlichen gemäß der NS-Ideologie straff in das System eingebunden waren. HJ, DJV und BDM sind jeweils dem Bann 368 in Storkow angegliedert. Ortsgruppen der NS-Frauenschaft waren selbstverständlich in jedem Dorf vorhanden. Eine der wichtigsten Stützen im ländlichen Raum war der Reichsnährstand mit seiner Kreisniederlassung in Beeskow-Storkow. All diese Organisationen waren ein fester Bestandteil des Dorflebens, dem sich keiner entziehen konnte oder wollte. Zwölf Jahre später begann dann ein Prozess der Verdrängung und des Nichtwissens. Das war allerdings kein DDR typischer Vorgang, sondern ein gesamtdeutsches Phänomen.
Auch im „III. Reich" blieben die alten preußischen Kreisstrukturen bestehen. Traditionsgemäß kam der Amtsvorsteher aus Krausnick. Über einen längeren Zeitraum war Amtsvorsteher Streichan und sein Stellvertreter Wilhelm Lindorf aus Leibsch schlechthin die Vertreter des Staates. Im Dezember 1933 wurden im Freistaat Preußen durch das Gemeindeverfassungsgesetz alle bisher gültigen Städte- und Landgemeindeordnungen außer Kraft gesetzt. Dem folgte die Deutsche Gemeindeordnung vom 30. Januar 1935. Mit der das „Führerprinzip" auch in den Landgemeinden Durchsetzung fand und ab da die Bürgermeister nur noch berufen werden. Interessant ist dabei, dass anfangs verwendete Siegel oder Ortsstempel noch nicht das Hakenkreuz beinhalten.

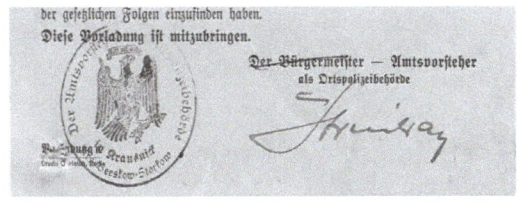

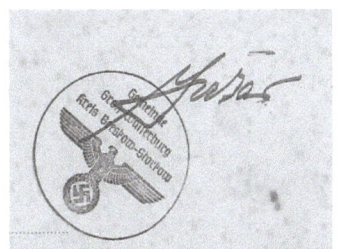

Erst später, so zum Ende des Jahres 1937, war die Umstellung auf die neuen reichseinheitlichen Siegel vollzogen, damit auch für die Gemeinde Groß Wasserburg, hier mit Unterschriften der damaligen Amtsträger. In diesem Zusammenhang erhielt der Kreis Beeskow-Storkow am 30. September 1937 gleichfalls ein neues Wappen.

Obwohl die NAZIS wenig mit Religion am Hut hatten, wahrten sie einen gewissen Burgfrieden und trugen dem vor allem in ländlich geprägten Regionen, wie der um den Unterspreewald, Rechnung. So sicherten sie die Arbeitsruhe an Sonn- und Feiertagen zu und ahndeten derartige Übertretung. Hier ein Beispiel: Zur Einhaltung der „... Heilighaltung der Sonn- und Feiertage ..." wurde gegen Arbeiten an diesen Tagen vorgegangen. So hatte ein Bauer aus Groß Wasserburg am Sonntag, den 25.10.1936 „... vor- und nachmittags Heu gefahren ...", in der "... Feldmark Groß Wasserburg ...". Er wurde von einem „guten Nachbarn" angezeigt. Der Amtsvorsteher Streichan, gleichzeitig Chef der Ortspolizeibehörde, sprach eine Geldstrafe in Höhe von 3 RM aus und für den „... Unvermögensfall ..." wurde „... eine Haftstrafe von 1 Tag, festgesetzt."[9] Besonders im ländlichen Raum stießen gesundheitspolitische Maßnahmen[10] der Nazis, wie Schulärzte, Pflichtimpfungen, Reihenuntersuchungen, Röntgenwagen oder Mutter und Kind Heime auf eine breite Zustimmung. Vieles davon war vorher undenkbar und sprach allein aus diesem Grund viele

Menschen in den Dörfern an. Auch wenn aus personellen Gründen nicht all diese Maßnahmen sofort umgesetzt werden konnten, waren Pflichtimpfungen der Kinder oder die TBC-Reihenuntersuchungen auch in den Dörfern um den Unterspreewald abgesichert.

Auch jetzt zahlten unsere Altvorderen Steuern. Ihre bescheidenen Einnahmen aus der kleinbäuerlichen Hofhaltung deckte das aber allemal ab. Beeskow war für die nördlich gelegenen Dörfer des Unterspreewaldes das Verwaltungszentrum, einschließlich des Finanzamtes. Hier

ein paar ausgewählte Steuerbescheide, wie sie für die meisten Dörfer am Unterspreewald typisch waren:

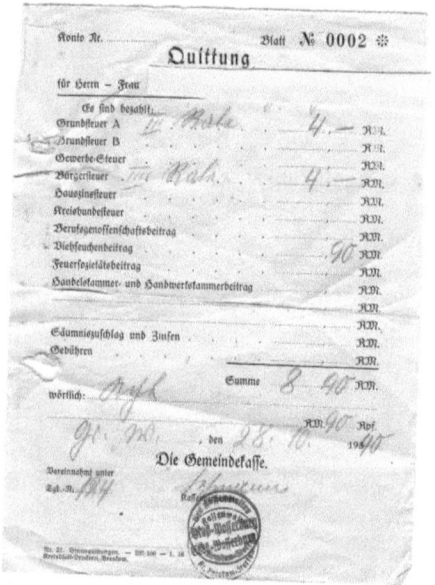
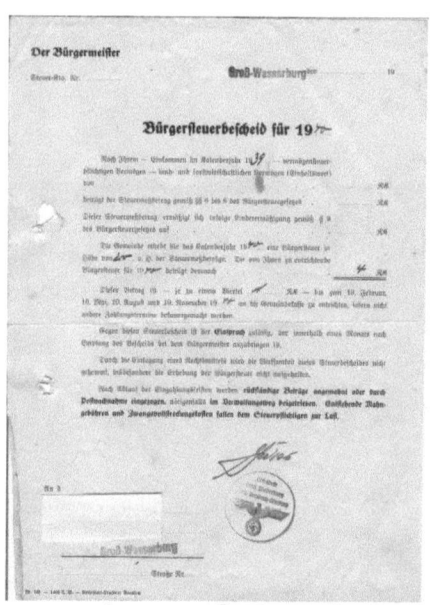

Die Bürgersteuer war eine kommunale Einkommenssteuer zur Senkung der finanziellen Belastungen der Kommunen. Sie wurde in Deutschland erstmalig im Jahre 1929 erhoben und diente der Gewährleistung der örtlichen sozialen Aufwendungen. Durch die Gemeinde Groß Wasserburg wurde eine weitere Steuer direkt eingefordert. Es

handelte sich um die Grundsteuer. Eine Quittung aus dem Jahre 1940 belegt zudem, dass die Gemeinde über eine eigene Kassenverwaltung – die Gemeindekasse - verfügte.

Die Lebensverhältnisse verbesserten sich schrittweise für die ländliche Bevölkerung. So gehörten Fahrräder auf jeden Hof und ein Röhrenempfänger verband die Menschen mit der großen weiten Welt. Letzteres war für Goebbels Propagandaapparat ein wichtiges Mittel zur Verbreitung der nationalsozialistischen Demagogie. Deshalb hinter vorgehaltener Hand auch als ‚Goebbelschnauze' tituliert. Der Preis für den „Volksempfänger" lag im Jahre 1937 bei 164,00 RM und der Erwerb wurde mit Ratenzahlungen attraktiv gemacht. So erfolgte die Tilgung in 10 Monatsraten zu a 11 RM[11]. So hat bei dem Märkisch Buchholzer Händler Oskar Pechnig ein Groß Was-

20

serburger sein erstes Radio gekauft.

Selbstverständlich waren unsere Altvorderen am Schutz ihres hart erarbeiteten Eigentums interessiert, und versicherten es entsprechend. Hier beispielgebend für ein örtliches Grundstück[12].

Bei der Feuerversicherung von 1933 lag für Wohnhaus, Stallscheune, Schweinestall,

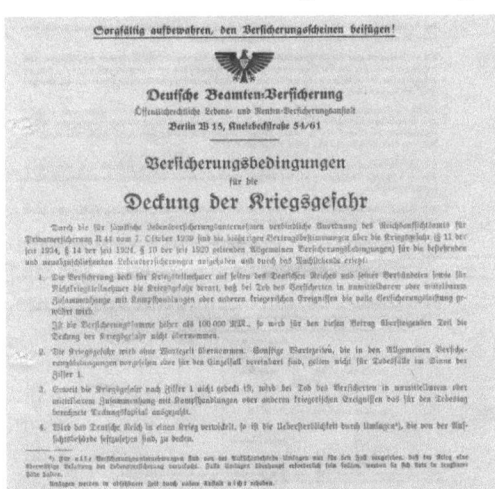

Stall und Backhaus eine Versicherungssumme lt. der Bauwertberechnung von 1914 mit 6.600 RM zugrunde. Auch der Feuerschäden-Versicherung von 1939 lag noch die gleiche Bauwertberechnung zugrunde und der Jahresversicherungsbeitrag betrug 13,80 RM. Mitversichert waren Sachen wie Hausrat, Vieh, Ernteerzeugnisse und Vorräte aus laufender Ernte (mit älteren Beständen und Zukauf), Licht- und Kraftanlagen bis zu einem Gesamtwert von 4.700 RM. Erntefrüchte in Schobern, Mieten und offenen Feldscheunen waren allerdings nur bis zu 300 RM zusammen versichert. Aus diesen Versicherungsberechnungen lässt sich die durchschnittliche Größe der kleinen Bauernwirtschaften erkennen und können als Durchschnitt für die meisten Bauernwirtschaften des Ortes gelten. Langsam rückte das Jahr 1939 näher und damit der Kriegsbeginn. Es galt Sicherheit nach Innen zu propagieren und dabei halfen auch Versicherungen[13], mit denen evtl. Kriegsschäden der Bevölkerung gemindert werden sollen. Als der Krieg jedoch 1945 mit der totalen deutschen Niederlage endet, war das alles Makulatur und die Bauern blieben auf den entstandenen Kollateralschäden sitzen. Verwiesen sei nur auf mehrere zerstörte Wohnhäuser und Scheunen im Ort. Während des Krieges kam es auch in den ländlichen Gebieten zu Einschnitten in der Versorgung, denn die Bevölkerung in den Städten und Rüstungszentren hatte Vorrang. Reichsfleisch- und Reichsbrotkarten gehörten deshalb mit Kriegsbeginn auch in die bäuerlichen Haushalte. So waren fast alle bäuerlichen Wirtschaften, respektive deren Bewohner als „Selbstversorger" einge-stuft. Insgesamt ist allerdings festzustellen, dass die Lebensmittelrationierung die Versorgungslage im Dorf nie gefährdete. Hausschlachtungen, Kartoffeln und Getreide vom eigenen Acker und die Möglichkeit Brot im eigenen Backofen zu backen deckten den überwiegenden Anteil an Lebensmittel ab.

Eingebunden in das Amt Krausnick kann die öffentliche Verwaltung über die Zeit des Krieges als stabil bezeichnet werden. Ohne eine stärkere Einbindung in die Siche-rung öffentlicher Aufgaben/Belange durch die berufenen Gemeindevertreter war das nicht zu sichern. So war mit dem Ortsbauernführer der Reichsnährstand immer ge-genwärtig. Seinen Anordnungen zu widersprechen kam den kleinen Bauern gar nicht in den Sinn. So war auch der Einsatz von Ostarbeitern und Kriegsgefangenen in vie-len Bauernwirtschaften des Dorfes etwas Selbstverständliches. Wie auch sonst soll-ten sie ihre ‚Pflicht als Bauern' in dem Krieg erfüllen. Ob angepasst oder überzeugt ist heute nicht mehr nachvollziehbar. Jedenfalls war das Dorfleben bis kurz vor Kriegs-ende im Empfinden der meisten Einwohner geordnet und gesichert. Nach Kriegsende rächten sich aber auch einige Ostarbeiter an den schlechten Lebensbedingungen bei ihren Bauern. Leider war dazu keiner der Bauern bereit eine Aussage zu treffen. Es blieb bei dem bekannten Muster der Verdrängung, auch in der DDR.

ORTSVERWALTUNG NACH DEM II. WELTKRIEG

Nach dem verlorenen, von Nazi-Deutschland angezettelten Krieg, begann eine Zeit der Neuorientierung, auch in Groß Wasserburg und allen Dörfern um den Unter-spreewald. Seitens der Besatzungsmächte mussten so schnell wie möglich Ordnung und Sicherheit gewährleistet werden. Die Kommandanturen der Roten Armee stütz-ten sich anfangs noch auf die vorhandenen Verwaltungsstrukturen und setzten ‚relativ unbelastete Bürger' ein. So wechselten die eingesetzten Bürgermeister im Dorf sehr schnell und häufig, auch ohne jegliche Begründung. Das sollte sich aber rasch än-dern. Zunehmend setzte jede Besatzungsmacht ihre eigene politische Doktrin durch. Im Ostteil des verbliebenen Restdeutschland war das die Sowjetunion unter Stalin, und damit war der Weg in seinem Machtbereich für über 40 Jahre gesichert. Wie gestaltete sich nun der Weg des alten Preußens? Recht einfach und durch alle Alliier-ten sanktioniert. Seit dem 13. Dezember 1872 bestanden die ehemaligen Kreise mit ihren Amtsbezirken. Mit Wirkung vom 21. März 1948 wurde die Auflösung der Amts-bezirke im Land Brandenburg verfügt. Ein entsprechender 'Runderlaß des Ministers des Innern Land Brandenburg vom 17. Januar 1948'[14] erging dazu an alle Ämter und Bürgermeister. Damit sollten alte preußische Verwaltungsstrukturen endgültig besei-tigt werden und der Weg zur Neuordnung freigemacht werden. Denn das Land Preu-ßen bestand ja nicht mehr, da es im Ergebnis des II. Weltkrieges per Befehl des Alli-ierten Kontrollrates Nr. 46 vom 25.02.1947 aufgelöst war. Für die Alliierten war Preu-ßen der Träger des Militarismus und der Reaktion in Deutschland. „Der Staat Preu-ßen, seine Zentralregierung und alle nachgeordneten Behörden werden hiermit auf-gelöst."[15] Der vorher erwähnte Runderlass war demnach nur eine Folgeerscheinung des alliierten Kontrollratsgesetzes.

Von einer Verwaltung oder Wirtschaftslenkung im heutigen Verständnis konnte nach Kriegsende keine Rede sein, es galt Besatzungsrecht. In den vier Besatzungszonen gab es dazu recht unterschiedliche Praktiken. Die USA gingen vorsichtig zu Werke, England demontierte sehr viel, Frankreich ging sehr rigoros vor und die UdSSR demontierte für sich und Polen rücksichtslos. Durch die Siegermächte wurden die Bürgermeister eingesetzt. Ihre relative politische Unauffälligkeit während der Zeit des III. Reiches war dafür eine ausreichende Befürwortung. Zu sagen hatten sie ja ohnehin nichts. Regiert wurde in Ostteil Deutschlands mit Befehlen der SMAD (Sowjetischen Militäradministration) und somit über die jeweiligen Kommandanturen in den Kreisstädten. In den westlichen Besatzungszonen herrschten ähnlich gelagerte Befehlsstrukturen, zumindest im ersten Nachkriegsjahr. Unter solchen Bedingungen einem Dorf vorzustehen, bedeutete zuerst die Versorgung der Bevölkerung zu sichern. Fast alle Dinge waren rationiert und nur über Bezugsscheine oder Marken zu erhalten. Auch daran waren die Menschen gewöhnt, denn Lebensmittelkarten gab es schon während des I. Weltkriegs und die Nazis haben sie ab 1939 wieder reaktiviert. In den Jahren 1945/46 erfolgte so auch die Zuteilung von Mehl. Der damalige Ortsvorsteher teilte die Berechtigung zum Empfang einer bestimmten Menge Mehl aus. Der Stempel beinhaltete:

> "................ist berechtigt zum Bezug von
> ....kg Brotmehl.
>
> Ort u. Datum   Unterschrift"[16]

Zur Versorgung der Einwohner und der Vertriebenen benötigte die Gemeindeverwaltung natürlich bestimmte Mengen an Lebensmittel. So hat der Bürgermeister, Herr Adolf Streichan, Roggen und Kartoffeln von den Bauern gekauft. Allein im Juni 1945 waren das 17,89 Zentner Roggen und 4,2 Zentner Kartoffeln. Der Preis für 1 Zentner Roggen lag bei 8,85 RM und für die gleiche Menge Kartoffeln bei 4,20 RM.[17] Interessant ist in diesem Zusammenhang auch, dass der eingesetzte Bürgermeister die Kasseneinträge mit seiner Unterschrift und dem Gemeindesiegel abschloss. Ob die aufgekauften Produkte für die Versorgung der Flüchtlinge/Vertriebenen ausreichend waren ist anzuzweifeln, schließlich war der Hunger eine allgegenwärtige Erscheinung. Im Herbst 1947 verschlechterte sich die Versorgungslage der Bevölkerung in Deutschland gravierend. Die Landwirtschaft des aufgeteilten Deutschland war ohne die ehemaligen Ostgebiete, nicht in der Lage die deutsche Bevölkerung ausreichend zu ernähren. Im Dorf spielte das allerdings keine Rolle. An Selbstversorgung war man ja seit Kriegsbeginn gewöhnt. Noch im Jahre 1948 lag die tägliche Lebensmittelration bei 1400 Kalorien. Sie sollte "... aus der Erzeugung der deutschen Landwirtschaft" bis 1950 "... auf 2000 Kalorien täglich"[18] erhöht werden. Später, so im Januar 1949, konnte Brot freikäuflich erworben werden. Damals kostete ein "Drei-Pfund-Brot" "... 0,51 DM"[19]. Neben den obligatorischen Deputatkarten zur Versorgung der Bevölkerung mit Lebensmitteln gab es einen 'Haushaltspaß für gewerbliche Erzeugnisse'[20]. Dieser Haushaltspaß ist über die Kreisverwaltung Beeskow-Storkow, Abteilung Handel und Versorgung den Gemeinderäten zur Verfügung gestellt und durch diese verteilt. Er war nicht auf andere Personen übertragbar und sollte einer gerechteren Verteilung von Industrieerzeugnissen dienen. Vordergründig ging es dabei um solche Artikel wie Schuhe, Stoffe, Arbeitsbekleidung u. a. mehr.

1946 sind in den fünf Ländern der SBZ „Demokratische-Gemeinde-Verfassungen" in Kraft getreten. Verwaltungsrechtlich glichen sie denen in den westlichen Zonen. Die Gemeinden erhielten ihre Selbstverwaltung zurück. Selbstverwaltung allerdings nur bedingt, denn sie war eng an die Befehle der Sowjetischen Militäradministration gebunden. Auch verwaltungstechnisch blieb vieles beim Alten. So wies von 1945 bis 1949 weitestgehend der Gemeindehaushalt die gleichen Haushaltspositionen[21] wie vor dem Krieg auf, nur bereinigt durch spezifisch nationalsozialistische Positionen:

- Allgemeine Verwaltung
- Fürsorgewesen und Sozialhilfe
- Gesundheitswesen, Leibesübungen, Jugendunterstützung
- Bau-, Wohnungs- und Siedlungswesen
- Öffentliche Einrichtungen und Wirtschaftsförderung
- Finanz- und Steuerverwaltung
- Verkehrswesen.

Die Ortsfinanzen waren in Eigenregie durch eine Kassenverwalterin zu führen. Sie war bei der Gemeindeverwaltung angestellt. Neben der Ortsverwaltung bestand das Amt Krausnick weiter und übte wichtige Funktionen über den Amtsvorsteher aus. So unter anderem die Ausgabe von vorläufigen Personalausweisen oder Bescheinigungen zum Besitz eines Fahrrades. Beide Dokumente sind in Russisch und Deutsch abgefasst.

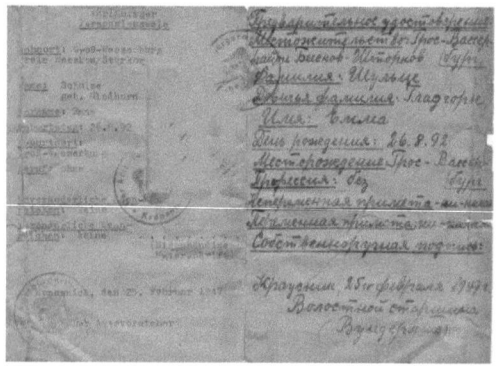 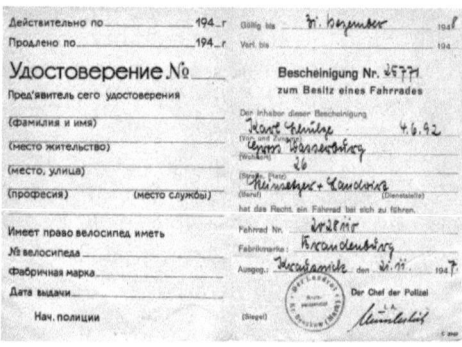

Dieses Provisorium hatte aber nicht lange Bestand. Personalausweise sind Hoheitsdokumente des jeweiligen Staates. Deutschland war zu dieser Zeit noch nicht in zwei Staaten getrennt. Es galt die ‚deutsche Staatsangehörigkeit'. Allerdings gab es keine einheitlichen deutschen Personalausweise mehr. Jede Besatzungsmacht setzte hier ihr eigenen Dokumente ein. So erfolgte die Ausgabe der Personalausweise in der SBZ wieder auf Kreisebene. Hier ein solcher Antrag aus dem Jahr 1948.

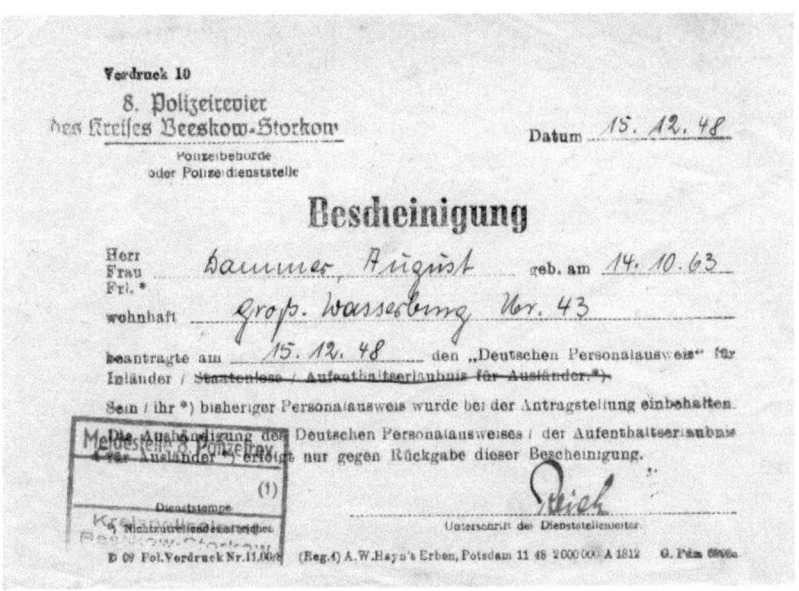

Zunehmend gingen die einstigen Alliierten auf Konfrontationskurs, der ‚Kalte Krieg' hatte begonnen. Die Einführung der DM in den drei westlichen Besatzungszonen war ein sichtbares Zeichen. Gleiches musste jetzt zwangsläufig auch in der SBZ[22].erfolgen. Dabei wurden zuerst Coupons auf die alten Reichsmarkscheine geklebt und der Wert der RM neu festgesetzt. Somit war zumindest gesichert, dass das wertlose RM-Geld aus den Westzonen nicht die Ostzone überschwemmte und die dort herrschende schlechtere Versorgungslage noch mehr verschärfte. Ein damaliger 5 RM Geldschein der SBZ von 1948 mit aufgeklebtem Coupon ist abgebildet.

Der Gemeinde erwuchs aus der Abwertung der Reichsmark natürlich ein Verlust. Dieser wurde als 'Kassenverlust' erfasst. Eine diesbezügliche Meldung an die Kreisverwaltung in Beeskow-Storkow[23] beinhaltete daher folgende Aufgliederung zur Vermögensumbewertung:

1.Kassenbestand am Tag der Umwertung	1.128,54 RM
2.erstatteter Betrag (neues Geld)	113,54 RM
3.Kassenverlust	1.015,00 RM
Bankkonto	
1.am Tag Umwertung	303,70 RM
2.umbewerteter Betrag	303,70 RM

Erst ab Herbst 1945 wurden die Verwaltungen auf Befehl der SMAD wieder personell verstärkt. Vorher gab es nur den eingesetzten Bürgermeister, der hatte die Befehle der Kommandantur durchzusetzen. Stellenbesetzung und monatlicher Verdienst von Gemeindeangestellten in den Jahren der sowjetisch besetzten Zone waren von der Ortsgröße abhängig. Für Groß Wasserburg sah das wie folgt aus:

	Juni 1945	1947	1949
1.Gemeindevorsteher	54,00 RM	150,00 RM	192,50 Mark
Büroarbeit (Zulage)	40,50 RM		
2.Schreibhilfe		100,00 RM	110,00 Mark
3.Kassenverwalter		31,00 RM	44,00 Mark[24]
4.Büroreinigung		20,00 RM[25]	

Eine Feststellung des Gemeindevermögens war für eine ordentliche Haushaltssatzung wichtig. 1949, aber noch vor der DDR-Gründung, hat die 'Vermögens- und Schuldenübersicht der Gemeinde Groß Wasserburg'[26] ausgewiesen:

Unbewegliches Vermögen	Schule	Einheitswert 5.400 DM
Unbebaute Grundstücke	Schulländereien	Einheitswert 600 DM

Dieses Vermögen verblieb auch über die 40 Jahre DDR in Gemeindebesitz. Im Gemeindehaushalt waren keine Schulden oder Kredite ausgewiesen. Der Ort hat also in den Jahren bis 1949 seinen Haushalt aus dem eigenen Steueraufkommen und den Schlüsselzuweisungen des Landes Brandenburg bestritten.

Wie bereits bei den Versicherungen angedeutet, verloren die Menschen nach dem verlorenen Krieg nicht nur Sachwerte, sondern auch ihr Erspartes. So wurden alle Sparbeträge unter der Bezeichnung Uraltguthaben erfasst und umgewertet. Die Sparkasse des Kreises Lübben bestätigte eine solche Umwertung aus dem Jahre 1949 durch ihre Filiale in Lieberose wie auf dem Stempelabdruck sichtbar:

Auch das war in der Umbruchphase nach dem Krieg wichtig, es musste schützens-wertes Kulturgut bzw. Landschaften erfasst und unter Schutz gestellt werden. Die Landesregierung erfasste in dem Dokument „Naturschutzgebiete und Landschafts-schutzgebiete im Land Brandenburg" schützenswerte Areale. Viele von diesen haben im Rahmen einer Erfassung die betreffenden Ortsverwaltungen selbst erfasst und gemeldet. Für die Orte Krausnick und Groß Wasserburg waren daher Natur- und Landschaftsschutzgebiete wie folgt ab S.8 aufgeführt:

- Der Kriegbusch mit Storchenkolonie und Orchideenwiese, der Luchsee, die 5 kleinen Waldseen (Heideseen), das Landschaftsschutzgebiet Unterspreewald und Landschaftsteile vor Köthen und Groß Wasserburg[27].

An diese Maßnahmen im Jahr 1950 waren natürlich Arbeitsplätze gebunden, sei es zur Erfassung, zu deren Schutz oder einer Rekultivierung. Eigentlich gleichen sich die Zeiten. Auch nach der Wende 1989/90 wurden derartige Aufgaben wieder verstärkt angepackt.
Obwohl immer noch die Befehlsgewalt bei der SMAD lag, gab es eine schrittweise Übertragung von Verwaltungsaufgaben an die deutsche Verwaltung in der SBZ. Bür-germeister waren zunehmend auf der untersten Verwaltungsebene für die gesamte staatliche und gesellschaftliche Tätigkeit des Ortes zuständig. Dabei blieben vorerst auch noch einige alte Strukturen wie das Amt mit seinem Amtsbürgermeister erhal-ten. Groß Wasserburg gehörte nach wie vor dem Amt Krausnick an und musste sich über den Amtsbürgermeister in Krausnick an das Landratsamt wenden, wie die fol-genden Beispiele zeigen:

- Anruf des Amtsbürgermeisters Krausnick, eingegangen am 11. 6. 1947 um 15.20 Uhr Aufforderung für eine Meldung zu den durchgeführten VdgB-

27

Wahlen über die gewählten Ortsvorstände, die Revisionskommissionen und die Delegierten zur Kreiskonferenz. Rückmeldung hatte in 'etwa 1.er Stunde' zu erfolgen.[28]

Auch dafür waren die Gemeindevorsteher verantwortlich:

- Anträge der Bevölkerung an den Kreistag waren in doppelter Ausfertigung einzureichen. Hierzu erging beispielgebend folgendes Schreiben vom Landrat des Kreises Beeskow-Storkow an die Ortsvorsteher um die Tagungen der Ausschüsse des Kreistages für den 17. April 1947 umfassend vorzubereiten zu können.[29]

- Übrigens die Protokolle der Ausschusssitzungen mussten dann öffentlich für mindestens 14 Tage in der Gemeinde ausgehangen werden.[30]

Zunehmend wirkten sich die gegensätzlichen Auffassungen der Alliierten auch auf das Leben der Menschen aus. Unterschiede wurden dabei durch den Umstand besonders deutlich, dass Berlin-West nur wenige Kilometer vom Unterspreewald entfernt war. Weiterhin waren verwandtschaftliche Bindungen nach Berlin-West stark ausgeprägt. Die Ausrufung der BRD war der Beginn einer für lange Zeit bestimmenden politischen und staatlichen Trennung. Die am 7. Oktober 1949 vollzogene Gründung der DDR auf dem Gebiet der SBZ war dann das Aus eines Gesamtdeutschlands. Jetzt standen sich zwei unterschiedliche Gesellschaftsauffassungen im Kalten Krieg unversöhnlich gegenüber. Auch für die Bewohner am Unterspreewald sollte das schnell spürbar werden.

DIE VERWALTUNG VON 1949 BIS 1989

Mit 7. Oktober 1949 übergab die Sowjetische Militäradministration verwaltungsrechtliche Aufgaben an die Regierung, der am gleichen Tag gegründeten DDR. Gleich nach DDR-Gründung hatte die Gemeindeverwaltung eine hoheitliche Aufgabe zu meistern. Es galt, einheitliche DDR-Personalausweise an jeden Bürger auszugeben. An 107 Männer und 148 Frauen erfolgte die Ausweisübergabe. Es zeigte sich, dass vier Jahre nach Kriegsende immer noch ein Frauenüberschuss zu verzeichnen war. Gefallene oder vermisste Ehemänner und Kriegsgefangenschaft waren hierfür die häufigsten Ursachen. Frauen übernahmen deshalb wie selbstverständlich die Verantwortung für den Erhalt ihrer Höfe und den Wiederaufbau des Landes. Trotzdem waren die führenden Funktionen auf Kreis- und Gemeindeebene immer noch eine Männerdomäne. Das sollte sich erst im Laufe der DDR-Zeit ändern. Also, einen Bürgermeister konnte man sich landläufig nur als Mann vorstellen und dabei blieb es in den meisten Dörfern des Unterspreewaldes. Damals gab es den Gemeindevorsteher/Bürgermeister Miethling und drei weibliche Gemeindeangestellte.

Es begann eine Phase der Zentralisation der Verwaltung. Die mit der Schaffung überregionaler Verwaltungsorgane in Form der Bezirke und mit ihren neuen Kreisen war

das 1952 weitestgehend abgeschlossen. Bis dahin durchlief der Ort mehrere verwaltungsrechtliche Zuordnungen. Auch der Altkreis Beeskow-Storkow war in dieser Zeit noch präsent. Ein Ortsstempel aus dem Jahr 1950 beweist das. Übrigens war hier noch die sorbisch/wendische Linde enthalten.

Das Land Brandenburg hatte 1952 aufgehört zu existieren. Ursache war die Verwaltungsreform in der DDR. Groß Wasserburg gehörte jetzt zum Kreis Lübben im Bezirk Cottbus. Die alten preußischen Strukturen waren damit endgültig beseitigt, weil sie nach damaligem Verständnis nicht mehr in die Zeit passten

und den Aufbau des Sozialismus behinderten. Für die Bevölkerung begann eine administrative Neuorientierung in Richtung Lübben. Das zerstörte Märkisch Buchholz war nur noch ein kleines Einkaufszentrum für die Wasserburger. Selbstverwaltungen, wie sie den Gemeinden nach dem Krieg in den ostdeutschen Ländern noch gegeben war, passten nicht in den zentralistisch gelenkten Staat. Mit den Gesetzen „über die örtlichen Organe der Staatsmacht" und dem „über die Rechte und Pflichten der Volkskammer gegenüber den örtlichen Volksvertretungen" vom 18. Januar 1957 war der Zentralisationsprozess nach sowjetischem Vorbild so gut wie abgeschlossen.

Gemeinden waren ab da nur noch die unterste Verwaltungsebene des Staates. Eng damit verbunden war ein massiver ideologischer Druck im öffentlichen Leben. Transparente gehörten damals in das Ortsbild. Hier steht eins vor der alten Schule, in der allerdings noch eine Vertriebenenfamilie wohnte. Es musste die Milchkanne von der

Rampe geholt werden und die Frau war dabei rein zufällig in die Aufnahme geraten.

Für die Einwohner des Dorfes war es in dieser Zeit viel wichtiger, dass der Besitz erhalten bleibt. Die kleinbäuerlichen Strukturen im Ort begünstigten diese abwartende Haltung der Hofbesitzer. Selbst der 17. Juni 1953 oder der Tod von Stalin änderte daran nichts. Wichtig war, die Felder mussten bestellt und das Vieh versorgt werden. Aufregung entstand immer wieder mit den jährlichen Planauflagen. Diese waren, wie bereits im Teil I der Siedlungsgeschichte dargelegt, teilweise recht undifferenziert und entsprachen nicht immer den wirtschaftlichen Gegebenheiten. Dazu kam die Umstellung der gesamten Wirtschaft in eine Planwirtschaft. Selbst auf das tagtägliche Leben im Dorf hatte das Auswirkungen, wie ein folgendes Beispiel zeigt.
Die Energieversorgung, besonders in den Wintermonaten, war ein besonderes DDR-spezifisches Problem. Es kam immer wieder zu regelrechten Zuteilungen an Elektroenergie und Brennstoffen. Bereits kurz nach Gründung der DDR wurde eine „Winterstromversorgung" per 12.11.1950 in Kraft gesetzt. Es fehlten einfach die Stromerzeuger und so griff man auf Maßnahmen staatlicher Regulierung zu. Daneben machten die Reparationsleistungen, wie sie durch die Alliierten festgelegt waren, der DDR stark zu schaffen. Einen Marshallplan, wie in der BRD zur Ankurbelung der Wirtschaft, gab es im Osten Deutschlands nicht. Dadurch fehlte es an vielen Dingen des täglichen Bedarfs und Zuteilung war allgegenwärtig. Hier half die Selbstversorgung mit Produkten aus der eigenen Wirtschaft. Kartoffeln und Möhren waren in Mieten eingelagert, Wurst und Schinken stammte vom eigenen geschlachteten Schwein. Das konnte aber erst geschlachtet werden, wenn das staatliche Plansoll erfüllt war.

Bei der Klärung von Eigentums-, Finanz- oder Arbeitsrechtsfragen wandten sich die damals noch bestehenden Behörden in Märkisch Buchholz an den Rat der Gemeinde, wie die Abbildung zeigt. Also, trotzt der massiven Kriegszerstörung von Märkisch Buchholz blieb die Stadt ein wichtiger Verwaltungsstandort für die Bevölkerung und Gemeindeverwaltungen der umliegenden Dörfer. Das sollte sich erst mit der Gebietsreform von 1952 gravierend ändern und vollzog sich ab 1950 in mehreren Gesetzesschritten. Als Erstes war am 1. Juli 1950 der Landkreis Beeskow-Storkow aufgelöst und ein Teil seiner

Dörfern ging in dem sehr großen Kreis Lübben auf, zudem auch folgende Städte gehörten: Märkisch Buchholz, Lübben, Lübbenau, Vetschau, Lieberose. Als Nächstes haben die Länder, auch das Land Brandenburg, ihre Verwaltungshoheit per 25. Juli 1952 an die neu entstandenen Bezirke Cottbus, Frankfurt/Oder und Potsdam übertragen. Der Kreis Lübben ist in diesem Zusammenhang flächenmäßig geschrumpft und gehörte ab da zum Bezirk Cottbus. Damit veränderte sich die Verwaltungsstruktur spürbar in Richtung eines zentralistisch gelenkten Staates. Der letzte Schritt zur endgültigen Auflösung des Landes Brandenburg erfolgte per Änderung der DDR-Verfassung erst im Dezember 1958. Groß Wasserburg verblieb für annähernd 50 Jahre als Gemeinde im Altkreis Lübben. Erst durch eine weitere Reform, dem Zusammenschluss mit anderen Gemeinden sollte sich das nach der Wende ändern. Auch für die alte Amtsgemeinde Krausnick war damit die Selbstständigkeit vorbei. Die Einwohner hatten 2002 die Wahl und sie stimmten für eine Gesamtgemeinde Krausnick-Groß Wasserburg.

Wie sah eine solche Umstellung der Verwaltung aber ab 1952 aus? Aus den vorliegenden Gemeindeunterlagen ist zu entnehmen, dass das doch nicht so zügig ablief wie erwartet. So kritisierte am 15.03.1954 der Rat des Kreises Lübben 22 Gemeinden, darunter auch Groß Wasserburg[31], dass keine Ratssitzungen stattfanden. Zu beraten gab es sicherlich genug, denn allein in den Monaten November und Dezember 1953 erhielt der Rat der Gemeinde 41 Rundschreiben vom Kreis, die alle in irgendeiner Art und Weise durchzusetzen waren. Oder war es vielleicht so, dass man keine Niederschriften eingereicht hatte? Interessant ist in diesem Zusammenhang auch der Postverkehr innerhalb verschiedener Verwaltungen. 1950/51 sandte die Kreissparkasse zu Beeskow oder die Versicherungsanstalt des Landes Brandenburg ihre Briefe an den Rat der Gemeinde Groß Wasserburg noch mit dem Stempelaufdruck „Behördenpost". Die später eingerichtete sogenannte ZKD-Post (Zentraler Kurierdienst) wurde von der Volkspolizei befördert und hatte Bestand bis zum Ende der DDR.

Steuern waren und blieben wichtige Einnahmequellen für die Kommunen. Nach Gründung der DDR galten noch über einen längeren Zeitraum Steuer- und Finanzgesetze aus verflossenen Perioden deutscher Geschichte. So hob die Grundsteuerveränderungsordnung vom 3. 2. 1955 erst die "... Zerlegung der Steuermessbeträge..."[32] auf, und die Steuererträge flossen der Gemeinde zu, indem der Steuerpflichtigen seinen Hauptwohnsitz hatte. Gleichzeitig erfolgte damit auch eine Neufestlegung der einzelnen Steuerhebesätze. Für die Gemeinde Groß Wasserburg bedeutete das, dass alle Grundsteuern nur noch an sie zu entrichten waren, unabhängig davon, ob der Steuerpflichtige Ländereien in den Gemarkungen von Leibsch bzw. Krausnick besaß. Übrigens, nach Beitritt zur Bundesrepublik wurde diese Besteuerungsform rückgängig gemacht. Selbst soziale Aufgaben oblagen der Ortsverwaltung. Obwohl die Lebensmittelmarken 1958 abgeschafft, sind an bedürftige Personen, in erster Linie an Mütter ab dem vierten Schwangerschaftsmonat und Kinder bis 9 Jahre „Bezugsanmeldungen zum vorrangigen Bezug von täglich ½ Liter Vollmilch" über den Rat der Gemeinde ausgegeben[33]. Der Kalte Krieg machte ja selbst bekanntermaßen um die kleinen Gemeinden keinen Bogen. So wurde auch in unserem Ort mit dem Aufbau der „Organisation freiwilliger Luftschutzhelfer" begonnen und per 15. Oktober 1958 abgeschlossen[34]. Später haben sich daraus die örtlichen Stäbe der Zivilverteidigung gebildet. In diesem Zusammenhang sei eine kritische Frage erlaubt: „Was hätten diese Stäbe im Ernstfall – sprich Krieg – gebracht?" Antwort: "NICHTS!" Wenige Kilometer entfernt lag ein potenzielles Angriffsziel für die NATO, der Flugplatz Brand. Kollateralschäden, sprich Verluste unter der Zivilbevölkerung waren dann nicht auszuschließen, zumal in der Bunkeranlage auch Atombomben gelagert waren. Eine weitere, damals sehr bedeutungsvolle Arbeit bestand in der Ausgabe und Kontrolle des „Bescheid über die Pflichtablieferung landwirtschaftlicher Erzeugnisse im Jahre ...". Für jede bäuerliche Wirtschaft ist eine entsprechende Dokumentation angelegt und geführt worden. Damit sollte besonders auf die Sicherung einer stabilen Versorgung der Bevölkerung mit Lebensmitteln hingewirkt werden. Erst später, nach der Phase der LPG-Gründungen, konnte mit direkten Planvorgaben gearbeitet werden. Die Pflichtablieferungen sicherten die Mindestbedarfshöhe bei der Versorgung der Bevölkerung. Zentrale Leitung und Planung war ein Kern sozialistischer Verwaltungstätigkeit. Im ländlichen Raum stellte sich dieser Prozess mit der Errichtung von Zentralschulen, der Herausbildung einheitlicher Verwaltungsstrukturen in Form der Gemeindeverbände, der industriemäßigen Produktion in der Landwirtschaft und Schaffung von größeren Siedlungsschwerpunkten als sogenannte Zentraldörfer dar. Hier waren auch alle Gemeindevertretungen der Dörfer am Unterspreewald involviert.

1. Die Zentralschule in Neu Lübbenau war Anfang der siebziger Jahre realisiert. Neben der Schule erfolgte später der Ausbau eines Kulturhauses und des Sportplatzes.
2. Die Schaffung des Gemeindeverbandes orientierte sich in seiner Struktur an den Gegebenheiten und Traditionen rund um den Unterspreewald. Alle Orte rund um den Neuendorfer See, dem Unterspreewald bis hin nach Dürrenhofe gehörten ihm an.
3. Die schrittweise Zentralisation der Landwirtschaft erfolgte über die Zusammenlegung von kleineren LPGen zu wirtschaftlicheren Einheiten. Die anschließende Zusammenarbeit in den Kooperativen Gemeinschaften (KOG) und deren Aufgang in die spezialisierten LPGen Tier- und Pflanzenproduktion beendete diesen Prozess.
4. Die Herausbildung von Siedlungszentren in sogenannte Zentraldörfer hätte zur Folge gehabt, dass z. B. im Bereich des Unterspreewaldes Neu Lübbenau massiv ausgebaut und kleine Orte, zu denen auch Groß Wasserburg gehörte, langsam

aussterben sollten. Für die nachwachsende Generation im Dorf bedeutete das, keine Neubauten waren zu genehmigen. Fazit: Die jungen Leute zogen weg und bauten in Krausnick oder Märkisch Buchholz.

Diese Zentralisierung nach Punkt 4 wurde jedoch schnell aufgegeben. Ein Grund dürfte in der fehlenden materiellen Grundlage und das mit dem VIII. Parteitag begonnene Wohnungsbauprogramm in den Großstädten und der Hauptstadt der DDR gewesen sein. Auch die verheerenden Ergebnisse analoger Bestrebungen im Rahmen der Kulturrevolution in China haben zumindest in Diskussionen unter den Funktionsträgern eine Rolle gespielt und ein Abrücken bewirkt.
Als kommunale Einrichtung besteht der Friedhof. 1967 erfolgte eine Geldsammlung um Stühle, Bänke und einen stabilen Tisch für die Feierhalle auf dem Friedhof zu besorgen. Stabiler Tisch, nun ja, ein Altar durfte nicht gebaut werden und der Tisch tat es dann genauso. Zum anderen ist der Friedhof ja kein Eigentum der evangelischen Kirche. Nach dem Bau der Feierhalle gab es keine Aufbahrung der Verstorbenen mehr in Wohnhäusern. 1983 kam es wieder zu einer Spendenaktion unter den Einwohner. Es sollte eine Wasserversorgung auf dem Friedhof installieren werden. Ein eigener Brunnen wurde gebohrt und die Leitungen verlegt, 1984 fertig. Beides war nur mit öffentlichen Geldsammlungen möglich, aber das war in der DDR nicht so ohne Weiteres möglich. In beiden Fällen nahmen die jeweiligen Bürgermeister Herr Miethling und Frau Witzsch die Verantwortung auf sich und es gelang.
Bürgermeister einer Gemeinde waren Ansprechpartner für die Bürger. Zu entscheiden haben sie allerdings wenig gehabt, vielmehr mussten sie die ablehnenden Bescheide (z. B. bei Bauanträgen) des Rates des Kreises übermitteln und sind von den betroffenen Bürgern letztendlich dafür in Verantwortung nehmen lassen. Die Räte der Gemeinden und besonders die Bürgermeister waren 'Mädchen für alles'. Sie hatten sich um jedes Problem zu kümmern und für deren Realisation zu sorgen. Über den Vorsitzenden des Rates des Kreises ergingen dann Weisungen oder Rapportaufforderungen wie die Folgenden zeigen:

- zur Erhöhung der Schweine- und Schafbestände
- zum Ablauf der Aussaat- und Ernteplän
- zur Flurbegehungen
- der Organisation eines Minutenkaufs im KONSUM
- zur Verbesserung des fachlichen Ausbildungsstandes in der LPG
- oder Maßnahmen zur Erhöhung der Eierabgabe.

Auch die Massenorganisationen, wie FDGB, FDJ, VdgB, DFD, URANIA oder die NATIONALE FRONT nutzten den kurzen Weg über den Rat des Kreises, und so landeten deren ureigenen Aufgaben auch auf dem Tisch des Bürgermeisters.
Aus den Volkswirtschaftsplänen von 1969 bis 1979 sind folgende Vorhaben erwähnenswert:

- Wohnhausneubau 1969/70, Familie Heinz Lehmann
- Wendeschleife Krausnicker Weg erhielt eine Schotterdecke für 23,9 TM
- Straße Dorfende Richtung Köthen ebenfalls mit Schotter für 1,7 TM befestigt
- Schaffung einer Kleinsportanlage am Rand des Großen Grund durch Arbeits-einsätze von Abgeordneten und Jugendlichen
- Im VEB Holzwaren wurde ein neues Heizhaus für 80 TM gebaut
- Das Gelände des Kindergartens erhielt einen neuen Zaun und die Spielfläche auf dem Hof war umzugestalten

1973 entstand der Gemeindeverband Neu Lübbenau, dem auch Groß Wasserburg angehörte. Viele Entscheidungen sind damals im Gemeindeverbandsrat getroffen worden. Die Gemeinden waren in diesem Gremium paritätisch und gleichberechtigt vertreten. Das betraf besonders wirtschaftliche Aufgaben. Innerhalb des Gemeinde-verbandes hat man die zur Verfügung stehenden Fonds und Bilanzanteile entspre-chend den beantragten und bestätigten Maßnahmen verteilt. Auch kleinere Orte, wie Groß Wasserburg, konnten besonders bei Vorhaben im Rahmen des „Mach mit – Wettbewerbs" davon profitieren. Die durchgeführte Verlegung von Gehwegplatten in der Gemeindelage war eine derartige Maßnahme, bei der die Straßenbaufirma Erwin Berndt aktive Unterstützung gewährte. Eine Zufahrt zum Hof des Kindergartens und den angrenzenden Höfen war schon lange angedacht. Unerwartet ergab sich die Möglichkeit, diesen Straßenstummel zu befestigen. Die Krausnicker Firma Erhard Leyer hatte ein paar Tonnen an Bitumenmasse übrig. Obwohl Bitumen stark kontin-gentiert war, einigten sich die Bürgermeisterin und der Firmenchef kurzfristig darauf den Weg zu befestigen. Es gab einen Rüffel vom Vorsitzenden des Rates des Krei-ses, aber was lag konnte nicht mehr zurückgebaut werden. Ein weiterer Schwerpunkt war der Neubau einer KONSUM-Verkaufsstelle in Groß Wasserburg. Er sollte dort errichtet werden, wo sich heute die Wendeschleife im Kleinen Grund befindet. Mit der Wende wurde dieses Vorhaben auf Weisung des Kreises ersatzlos gestrichen. Wie so viele KONSUM-Verkaufsstellen würden die Räumlichkeiten heute leer stehen und verfallen. Für ein Dorffest fehlte der Platz, und als der Randkanal ab 1975 ausgebaut wurde, eine Bootsanlegestelle entstand, konnte das angrenzende Land durch die Gemeinde erworben werden und es entstand der Festplatz. Damals noch nicht im heutigen Umfang des Wasserwanderrastplatzes, aber Gemeinde und Dorfklub hatten endlich die Möglichkeit größere Veranstaltungen durchzuführen.
Im Rahmen des örtlichen Bauwesens gab es teilweise recht unkomplizierte Geneh-migungsverfahren. Kleinere Bauvorhaben konnten so durch den Rat der Gemeinde in Person eines Beauftragten genehmigt werden. Der Vorsitzende des Bauausschusses der Gemeindevertretung Herr Oskar Lehmann verfügte über diesen so begehrten ‚Grünen Stempel'. Ob eine Garage, ein kleiner Dachstuhlausbau, ein neues Fenster, eine Veranda u. Ä. konnte so recht unbürokratisch genehmigt werden. Eine einfache Bauskizze reichte oftmals schon aus. Erst mit zunehmender Materialknappheit in der DDR wurde dieses Genehmigungsverfahren zurückgefahren und dann vollkommen aufgegeben. Jetzt war für alles das Kreisbauamt zuständig. Aber das ist auch nach

der Wende so geblieben. Wieder fiel ein Stück Selbstverwaltung weg.

Bis weit in die 80er Jahre des vorigen Jahrhunderts erfolgten die Rentenauszahlungen in bar im Büro des Rates der Gemeinde. Der Bürgermeister/in oder seine Mitarbeiterin fuhren mit dem Linienbus nach Lübben zur Filiale der Staatsbank in die Reutergasse. Dort erhielten sie unter den Augen der anwesenden Bankkunden auf einem Tablett die gesamten Rentenbezüge für alle Rentner des Dorfes in bar übergeben. Nachzählen, quittieren und anschließend wieder mit dem Bus zurück nach Groß Wasserburg. Angst, dass sie überfallen und beraubt werden können, hatten sie damals nicht. Im Büro erfolgte die Betragsstückelung und Auszahlung an die Rentner. Wer seine Rente nicht selbst abholen konnte, bekam sie nach Hause gebracht. Schon seltsam, wie sich im Gegensatz zur heutigen Zeit die damalige allgemeine Sicherheit darstellte.

Mit Beschluss der Gemeindevertretung vom 12.12.1985 wurde eine „Ortsgestaltungskonzeption der Gemeinde"[35] beschlossen. Schrittweise sollten die Arbeits- und Lebensbedingungen in der Gemeinde weiter verbessert werden. Dieser Beschlussfassung ging eine Erfassung aller privaten und gesellschaftlichen Vorhaben, Wünsche, Projekte voraus. Wie so oft klaffte eine große Lücke zwischen den Wünschen der Menschen und ihrer wirtschaftlichen Realisierbarkeit durch den Staat. Allein die Entscheidungsprozesse zur Planung bestimmter Vorhaben zogen sich über Jahre hin. Allerdings weniger wegen bürokratischer Hemmnisse als vielmehr wegen fehlender Bilanzanteile zum benötigten Material. Zunehmend wurden auch in kleineren Gemeinden die Engpässe der Planwirtschaft mit ihrer strengen Kontingentierung spürbar.

Als sogenannte „Volkswirtschaftliche Masseninitiative" der Nationalen Front der DDR sollte sie an den Aufbauwillen der Bürger nach dem Krieg (NAW = Nationales Aufbauwerk) anknüpfen. Dazu fand jährlich jeweils ein „Tag der massenpolitischen Arbeit"[36] einschließlich Ortsbegehung und Einwohnerversammlung statt. Am 24. September 1986 fand ein solcher statt. statt. Bürger haben ihre Meinungen dargelegt und Kritik zum geringen Eigenheimbaukontingent, dem geringen Ausstattungsgrad mit privaten Telefonanschlüssen und den Versorgungsfragen geäußert. Verpflichtungen standen aber an oberster Stelle im Rahmen des Wettbewerbes "Schöner unsere Städte und Dörfer - Mach mit!" Über diese Form sollten außerplanmäßige Aufgaben gelöst und vor allem wirtschaftliche „Reserven" erschlossen werden. Ein Mitglied des Rates des Kreises Lübben nahm immer an dieser Maßnahme teil und hat damit deren Bedeutung unterstrichen. Für unseren Ort war in den achtziger Jahren das Ratsmitglied für Verkehr, Transport und Nachrichtenwesen, Herr Zedler, übrigens Mitglied einer Blockpartei, mehrmals zuständig. Das hatte auch sein Gutes. Erinnert sei nur an den Ausbau der Wendeschleifen, der Stichstraße zum Friedhof, der Befestigung der Straße nach Köthen.

Selbst die privat erbrachten Leistungen der Einwohner zur Verschönerung ihrer Grundstücke sind mit erfasst worden. Das war mitunter schon eine arge Rechnerei, nur damit die Statistik stimmt und das Dorf nicht angezählt wird..

Allein, als 1986 das Dorf den Titel errang erbrachten die Hofbesitzer 53,3 TM an Eigenleistungen zur Verschönerung und Werterhaltung ihrer Grundstücke auf. Dieser Betrag wuchs in den kommenden Jahren bis auf 84 TM in 1988. Obwohl die Nationale Front verantwortlich war, denn sie hatte ja Masseninitiative zu erzeugen, lief alles von der Vorbereitung, über die Durchführung bis zur Realisierung und Kontrolle über den Rat der Gemeinde. Diese Maßnahmen waren aber auch ein „Siegeszug" sozialistischer Statistik. Erinnert sei da nur an solche Positionen wie ‚der Erschließung von Rest- und Splitterflächen zur Futtergewinnung' oder ‚zum Stand der Eigenversorgung mit Obst und Gemüse'. In Vorbereitung auf diesen Tag wurde ein Briefkasten im Ort aufgestellt. Hier konnten die Bürger Lob und Tadel, Kritiken oder Wünsche einwerfen. Das konnte auch anonym geschehen. Auf jeden Fall gab es im Rahmen der Einwohnerversammlung eine Antwort bzw. war als sogenannte Eingaben durch die zuständigen Abteilungen beim Rat des Kreises zu bearbeiten.

Versuche zum Schutz von Natur und Umwelt im größeren Rahmen begannen Ende der 70er Anfang der 80er Jahre auch in den kleineren Orten Fuß zu fassen. Mit entsprechenden Beschlüssen wurden die rechtlichen Grundlagen dafür fixiert. In der lokalen Presse sind dann die ‚Erläuterungen zur Ordnung über den Schutz der Gehölze in unserem Kreis' erschienen: "Alle Eigentümer und Rechtsträger sowie die Nutzungsberechtigten von Grundstücken sind zur Erhaltung und Pflege der auf ihren Flächen stehenden Bäume verpflichtet. Die Beseitigung und Veränderung von Bäumen, Baumgruppen, Baumreihen, Hecken und Flurgehölzen ist genehmigungspflichtig, sie dürfen weder durch mechanische, chemische oder Feuereinwirkung im Wurzel-, Stamm- oder Kronenbereich geschädigt werden." Genehmigung erteilt der Rat der Stadt oder Gemeinde. In 'freier Landschaft' ist der Rat des Kreises Abt. Umweltschutz, Wasserwirtschaft und Erholungswesen zuständig.[37] Freie Landschaft bedeutete dabei nicht außerhalb der Gemarkungsgrenzen, sondern nur außerhalb der jeweiligen Ortsgrenzen. Somit hatte die Gemeinde Groß Wasserburg auch keinen Einfluss auf die Maßnahmen zur großflächigen Melioration der Flure in Richtung Leibsch. Im Ergebnis sind alle Baumreihen und viele Baumgruppen der Kettensäge zum Opfer gefallen. Landwirtschaft war das Schlagwort der Zeit und Großflächen für den effektiven Einsatz der modernen Landmaschinen geschaffen. Positiv ist in diesem Zusammenhang das Engagement vieler Einwohner des Ortes zu werten. Sie holzten nicht nur alte morsche Bäume auf ihren Grundstücken ab, sondern pflanzten auch neue. Obst- und Nadelbäume standen dabei besonders hoch in der Gunst unserer Bürger. Auch die Gartenanlagen im sogenannten Wettergarten sind ein Beispiel für den verantwortungsbewussten Umgang der Bürger mit der sie umgebenden Natur. Eine weitere Maßnahme zum Schutz der Umwelt bestand in der schrittweisen Zusammenfassung der örtlichen Mülldeponien. Auf ihnen konnte bis dato alles abgelagert, werden, von der Asche ihrer Heizungen, über Sperrmüll, Eisen, Glas usw. usw. So waren Mülldeponien im Kleinen und Großen Grund oder am Köthener Weg gelegen. Die letzte örtliche Deponie befand sich gegenüber dem Holzbearbeitungswerk. Die Deponie im Großen Grund wurde bereits zu DDR-Zeiten im Rahmen der Erschließung des Kleinen Grund als Baugebiet aufgelassen und entsorgt.

Schrittweise sind besonders in den Jahren 1988 und 89 Anliegen zum Schutz und Erhalt der Umwelt im Unterspreewald in Angriff genommen. So hatte der Rat der Gemeinde die Aufgabe eine breite Aussprache über den „Entwurf des Landschaftspflegeplanes Unterspreewald" zu organisieren und daraus ableitend eine Stellungnahme abzugeben. Das damalige Mitglied des Rates des Kreises für UWE[38], Herr Richter, beauftragte die Bürgermeisterin mit Schreiben vom 02.01.1989 damit. Im Ergebnis dieses Planes sollte der gesamte Unterspreewald zum Landschaftsschutzgebiet erklärt werden. Einige der dabei vorgeschlagenen Maßnahmen wurden dann nach der Wende über des Biosphärenreservat und den Landkreis in die Tat umgesetzt.

Die bereits mehrfach angesprochene Kontingentierung im Eigenheimbau ist ab 1987 zunehmend gelockert und in Verantwortung der Gemeinden gelangt. Der Rat der Gemeinde lotete dazu die Möglichkeit der Umwidmung des Kleines Grund in Bauland aus. Die Agrargenossenschaft „Unterspreewald" Dürrenhofe stimmt dem zu. So konnten bereits ab 1987 die Anschlussleitungen für Strom und Wasser verlegt werden. Erste Eigenheimbauinteressenten fanden sich rasch. Als Erster begann die Familie von Roland Ackermann auf ihrem eigenen Land zu bauen. Heute haben sich 12 Eigenheime etabliert. Und so sah der Kleine Grund noch im Jahr 1993 aus. Baufreiheit, soweit das Auge blickte.

Eine bedeutsame Entscheidung der Gemeindevertretung viel im Jahre 1987 mit ihrer Zustimmung zum Anschluss an die zentrale Trinkwasserversorgung in einem Wertumfang von 780 TM[39]. Das Trinkwasser kam und kommt ab da aus dem Kleinwasserwerk Krausnick, das der Kreis mit einem geplanten Wertumfang von 800 TM[40] im gleichen Zeitraum errichtete. Noch im Jahr 1988/89, also vor der Wende, konnten dadurch alle Grundstücke in der Ortslage an die zentrale Wasserversorgung angeschlossen werden. Das Trinkwasser kommt seit dieser Zeit aus dem Kleinwasserwerk Krausnick. Heute stößt es langsam an seine Versorgungsgrenze, denn neben den Dörfern Leibsch, Groß Wasserburg und Krausnick ist auch noch das Ferienparadies Tropical Island angeschlossen. Eine Maßnahme, die sich für die Grundstückseigentümer bestimmt rechnete, jedenfalls aus heutiger Sicht. Die Kosten für die Erschließung und dem Bau hat der damaligen Kreis Lübben getragen. Am Bau waren u. a. die Firmen Berndt aus Groß Wasserburg und Wagner aus Schönwalde beteiligt. Trotzdem erhielten die Grundstückseigentümer Rückzahlungsforderungen mit Stand von 2004. Auch der Rechtsspruch durch ein oberstes Bundesgericht, das die Unrechtmäßigkeit dieser Forderungen bestätigte, änderte bisher nichts. Forderungen, die bis in die Gegenwart durch viele Betroffene als Rechtsbeugung betrachtet werden und die politische Stimmungslage beeinträchtigen.

WENDEZEIT 1989/90

Das Jahr 1989 ging natürlich auch nicht spurlos an und in unserer Gemeinde vorüber. Viele Bürger blickten mit Sorge auf die politische Entwicklung in der DDR und stellten sich die Frage: „Wird es auch bei uns Perestroika geben". Vor allem die Situation in den „Bruder" Staaten VR Ungarn und CSSR beschäftigte sie und die dort befindlichen vielen Ausreisewilligen warfen Fragen zum und über das DDR-System auf. Die Feierlichkeiten zum 40. Jahrestag der DDR in Berlin gaben mit ihren widersprüchlichen Berichterstattungen mehr Fragen als Antworten. Mit der Grenzöffnung in der Nacht vom 9. November 1989 tat sich auch für viele Groß Wasserburger unerwartet die Möglichkeit auf, ihre Verwandten in Berlin-West zu besuchen. Es begann ein regelrechter Ausflugtourismus in eine bis dahin für die meisten DDR-Bürger unbekannte Welt mit Folgen. Nach ihrer Rückkehr aus dem „Westen" herrschte die Meinung vor: „Das war die DDR." Die Führungsspitze der DDR wechselte von Honecker auf Krenz und dann Modrow. Erste offizielle staatliche Kontakte zwischen beiden deutschen Staaten haben neue Möglichkeiten eröffnet. In der Gemeindevertretung kamen in dieser Zeit Fragen zur Rechtmäßigkeit ihrer gesellschaftlichen Tätigkeit auf. Die meisten Abgeordneten wollten aber ihre Tätigkeit nicht einfach hinwerfen. Wer sollte dann für Ordnung und Sicherheit in einem sich auflösenden System sorgen. In diesem Zusammenhang stellten die Bürgermeisterin und ein weiterer Abgeordneter am 12.12.1989 die Vertrauensfrage und lösten sich von ihrem bisherigen Mandatsträger, der SED. Bis zu den kommenden Neuwahlen in 1990 erhielten beide das Vertrauen zur Fortführung ihrer Tätigkeit ausgesprochen.

Natürlich gab es auch in Groß Wasserburg vielgestaltige Bestrebungen und Aktivitäten für einen gesellschaftlichen Neubeginn. Gruppierungen, Vereinigungen aber auch
einzelne Bürger traten mit ihren Vorstellungen an die Öffentlichkeit. Neben vielen
konstruktiven Ideen gab es auch unrealistische Gedanken. Es setzte sich bei den
ersten freien Kommunalwahlen der Realismus zum Machbaren durch. Damit war der
Weg frei für eine wirtschaftliche Erstarkung des Ortes. Viele Kontakte liefen damals
über das Gemeindeamt und die Bürgermeisterin. Daneben entfalteten sich private
Initiativen zur Gründung von Unternehmen im Ort. Auch hier wurde die damals kurz-
zeitig vorhandene Entscheidungsfreiheit der Gemeindevertretung zum Vorteil der
Bürger und der Gemeinde genutzt. Erinnert sei in diesem Zusammenhang an das
Gesetz vom 17. Mai 1990 über die Selbstverwaltung der Gemeinden und Landkreise
in der DDR. Ein zeitlich sehr schmales Fenster der Selbstverwaltung hatte sich geöff-
net und wurde durch die Abgeordneten und Bürgermeisterin konsequent genutzt.
Heut wären Investitionen wie ein damaliger Neubau der Produktionshalle der fiedler
fenster GmbH, der Reithalle des Gestüts Pichersee oder die Privatisierung und Er-
weiterung des VEB Holzwaren schon am Veto des Biosphärenreservates gescheitert.
Innerhalb kürzester Zeit war die Anzahl der Unternehmen im Ort auf 19 angestiegen.
Unterstützend bildete sich 1993 ein „Wirtschaftsförderverein Spreewald e. V." in Neu
Lübbenau. Sein Motto lautete:

„DER EINE wartet, bis die Zeit sich wandelt, DER ANDERE packt Sie an und handelt."

WIRTSCHAFTSFÖRDERVEREIN SPREE▽WALD e.V.
Sitz : z.Zt. Hauptstr.41, O 7551 Neu Lübbenau, 1. Vorsitzender des Vorstandes : Bernd Erpinder.

Viele regionale Firmen unterstützten diese
Initiative und sahen darin eine Möglichkeit
ihre Heimatregion wirtschaftlich zu stabili-
sieren. Leider gab es aber seitens der
kreislichen Behörden kein wohlwollendes
Entgegenkommen. Dort setzte man auf
einen eigenen Verein, der dann später
seinen Sitz in Luckau hatte.
Auch galt es die vielen Arbeitslosen aus
den abgewickelten VEB, wenigstens für
eine Überbrückungszeit, zu beschäftigen.
Eine solche Auffanggesellschaft entstand
in Lübben und war u. a. in der Groß Wasserburger Gemarkung tätig. So ist der
Rundwanderweg um den Ort vom Wehr
über die Wildbrücke und zurück oder ein
Fahrradweg nach Krausnick als Arbeits-

beschaffungsmaßnahme (ABM) verwirklicht worden. Leider ist von dem Fahrradweg, nicht viel übrig geblieben und dem Rundweg am Randkanal entlang scheint es nicht viel besser zu ergehen. Die sogenannte Wildbrücke ist wegen verfaulter Hölzer gesperrt. Besonders für das zaghaft aufblühende Pflänzchen Tourismus im Dorf wünschen sich viele deren Wiederinstandsetzung.

DIE VERWALTUNG AB 1990

Wichtig für die Gemeinden war, dass nach der am 17. Mai 1990 in Kraft getretenen neuen Kommunalverfassung der DDR ihre Selbstverwaltung wieder hergestellt war. Sie orientierte sich bereits stark an gleich Gelagerten der alten Bundesrepublik. Nach der Länderbildung und dem Beitritt der DDR zur BRD kam für Brandenburg eine Kommunalverfassung nach dem Beispiel von NRW zum Tragen. Nach den Kommunalwahlen im Frühjahr 1990 waren diese Anpassungen auch für die Bürger sichtbar. So wurde die Bezeichnung Rat der Gemeinde durch Gemeindeamt ersetzt und der Ort führt den Namen „Gemeinde Groß Wasserburg". Die Gemeindevertretung hat mindestens alle zwei Monate zusammenzutreten. Der Gemeindeverband Neu Lübbenau löste sich auf und es entstand vorübergehend eine Verwaltungsgemeinschaft in Schlepzig. Der Prozess der Neufindung der Gemeinden rund um den Unterspreewald setzte sich fort. So haben sich einige Orte, wie Alt Schadow und Hohenbrück/Neu Schadow, aus dem ehemaligen Verbund Unterspreewald herausgelöst und sich dem Groß Leuthen angeschlossen. Damit verlor das Gebiet Unterspreewald seine prägende Eigenständigkeit endgültig und wurde letztendlich aufgeteilt und durch die neuen Ämter vereinnahmt. Groß Wasserburg war einer der ersten Orte im

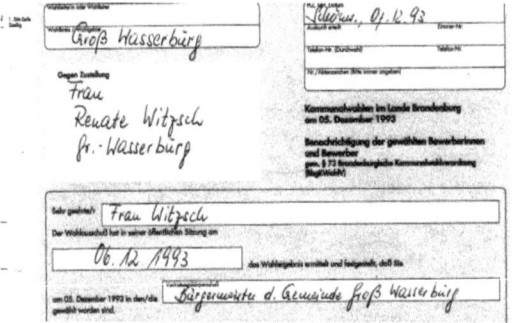

Altkreis Lübben die einen ehrenamtlichen Bürgermeister hatten. Aufgrund der geänderten Entscheidungsbefugnis und der Übernahme von bundesdeutscher Gesetzlichkeit war der Handlungsspielraum für einen hauptamtlichen Bürgermeister nicht mehr gegeben. Zudem wäre die finanzielle Belastung im Haushalt der Gemeinde enorm gewesen. Deshalb reichte die damalige Bürgermeisterin eine Beschlussvorlage ein, nach der der Bürgermeister künftig ehrenamtlich seine Geschäfte zu führen hat. Unabhängig davon blieb sie Bürgermeisterin und führte die Geschäfte weiter.

Seit dem 14. Oktober 1992 gehört die Gemeinde Groß Wasserburg dem Amt Unterspreewald mit seinem Sitz in Schönwalde an. Die neu gebildeten Ämter übernahmen viele Aufgaben der Gemeindeverwaltungen und betreuen heute die Bürger.

- Die Abfallentsorgung übernahm mit Wirkung vom 1. Oktober 1991 der KAEV-Spreewald. Im Anschluss daran sorgte die Gemeinde dafür, dass noch alle alten und teilweise bereits versiegelten Mülldeponien fachgerecht zurückgebaut worden.

Zunehmend waren über örtliche Gebührenerhebungen anfallenden Kosten zu decken. Beispiel Friedhof:
- Beschluss der Gemeindevertreter vom 14.01.1991 / Nr. 18/91 350,00 DM für Grabmacher und Gebühren und 50,00 DM für die Hallenbenutzung
- Beschluss der Gemeindevertreter vom 03.03.1993 / Nr. 115/93 Jahresgebühr von 15,00 DM pro Grabstelle

Auf dem örtlichen Friedhof gab es damals 157 Grabstellen, die von 44 Familien gepflegt wurden. In 2018 sind es nur noch 63 Gräber plus dem Soldatengrab und die freien Flächen nehmen von Jahr zu Jahr zu.

- Der Wasser- und Abwasserverband Alt Schadow entstand und er begann mit dem Bau einer überdimensionierten Kläranlage in Alt Schadow. Betriebswirtschaftlich unverständlich, wenn z. B. das entfernte Märkisch Buchholz über Leitungen angeschlossen werden musste, nur um einen Mindesterschließungsgrad zu gewährleisten. Aber Orte wie Krausnick und Groß Wasserburg sind immer noch nicht an das Abwasserleitungsnetz angeschlossen. Oder war es gar eine einseitige Wirtschaftsförderung West? Für Groß Wasserburg sind 65 Grundstücke mit einer Gebühr von 765 DM für das Jahr 1994 veranschlagt gewesen. Erst in 2018 war diese Anzahl annähernd erreicht.

Unabhängig von der Notwendigkeit einer umweltverträglichen Entsorgung von Siedlungsabfällen kommt dabei auch ein Stück Überheblichkeit gegenüber den hier Lebenden zum Ausdruck. Ortsansässigen Kommunalpolitiker mussten und müssen sich dafür, obwohl sie ursächlich nichts mit diesen Entscheidungen zu tun hatten, von den Bürgern in die Pflicht nehmen lassen. Der Unmut drückte sich dann in Anfeindungen gegenüber den Gemeindevertretern, der pauschalen Negierung aller in diesem Zusammenhang getroffenen Entscheidungen und der Ablehnung der entstandenen Kosten aus. Es kam zu einer öffentlichen Verbandsversammlung am 8. März 1994.

41

Die Teilnahme des damaligen Ministerpräsidenten des Landes Brandenburg war avisiert. Nur gekommen ist er nicht. Bis in die Gegenwart ziehen sich diese Klärungsprozesse hin, und das, obwohl zwischenzeitlich ein oberstes bundesdeutsches Gericht Unrechtmäßigkeit attestiert hat.

Nach der 1990 erfolgten Deklarierung des Biosphärenreservats Spreewald gab es recht widersprüchliche Programmentwürfe zu seiner Ausgestaltung. 1994 reichte der ‚Förderverein für Naturschutz im Spreewald', kurz FÖNAS genannt, seine Vorstellungen bei den Gemeindevertretungen ein. Es gab erheblichen Widerstand seitens der Bürger und Ortsverwaltungen. Für Groß Wasserburg lehnte die Bürgermeisterin grundsätzlich die Einbeziehung der Ortslage in die angrenzenden Kernzonen des Unterspreewaldes ab. Auch die Mühlenspree sollte im Poldergebiet Groß Wasserburg reaktiviert werden. Touristische Entwicklung nur nach strengen Vorgaben möglich sein. Letztendlich erfolgte die Rücknahme dieses Projektes und man hat das sogenannte Gewässerrandstreifen-Projekt auf den Weg gebracht. Auch hier galt es strittige Fragen zu klären, wie z. B. als Herr Buschick in seiner Eigenschaft als damaliger Bürgermeister öffentlich in der Lausitzer Rundschau anfragte: „Was ist mit unserem Kahnhafen?" Auch ein Artikel der Lausitzer Rundschau vom 8. Dezember 1999 erzeugte viel Aufregung, wenn dort von Verboten zum Betreten des Unterspreewaldes und Angeln die Rede war. Der Pusch, wie der angrenzende Unterspreewald genannt wurde, gehörte immer zur Lebenssphäre der hier lebenden Bevölkerung und ‚jetzt sollen sie ausgeschlossen sein' erzeugt noch heute Unmut. Vor allem durch derartige Aktivitäten fiel es manchen Bürgern schwer, den Weg der demokratischen Entscheidungsfindung und Verantwortlichkeit nachzuvollziehen. Viele dachten noch immer in den Schablonen der Wendezeit:

- stundenlanges Diskutieren
- Alle befinden über Alles
- jede Entscheidung bedarf der allgemeinen Zustimmung aller Bürger
- Jetzt sind wir frei und können endlich selbst entscheiden.

Natürlich haben damalige Politiker, besonders die aus den alten Bundesländern, derartige „Weisheiten" wider besseren Wissen und Erfahrung gepredigt. Viele Jahre nach der Wende schlägt das noch immer ins Gegenteil um und manche Bürger verstehen die Welt nicht mehr. Eine gewisse DDR-Nostalgie entstand. Dadurch wurden und werden auch ganz praktische Dinge wie der Anschluss des Dorfes an die Erdgasleitung, der Erdverkabelung des Energienetzes, die geschilderte Abwasserproblematik oder die Einbindung in das Programm der Landesregierung zur Dorferneuerung argwöhnisch betrachtet bzw. in ihrer Notwendigkeit angezweifelt. Auch einige Abgeordnete sahen das kritisch. Aber ohne eine derartige Vorgehensweise sind die erreichten Ergebnisse der Dorferneuerung nicht zu denken. Es war schon eine Phase des Aufbruchs mit voller Entschlussfreude, um dem Dorf eine Chance im neuen Deutschland zu geben. Deshalb sollen die positiven Ergebnisse aus dieser gesellschaftlichen Umbruchzeit nicht unter den Tisch fallen:

- Im Frühjahr des Jahres 1998 erfolgte durch die Bürgermeisterin die Unterzeichnung des Konzessionsvertrages zum Anschluss der Gemeinde an die Erdgasleitung. Seit 1994 führte sie diesen Kampf für die Bürger. Die Konditionen waren sehr günstig und für den einzelnen Grundstückseigentümer annehmbar. Mit einem Anschlusspreis von 1.700,00 DM für die ersten 100 m auf dem Grundstück hob sich dieser Betreiber positiv von Mitwettbewerbern ab. Damit war der Weg frei für die Planung des Leitungsbaues. Am 11.03.1999 wurde seitens der EWE (Betreiber) der noch im selben Jahr zu erfolgende Leitungsbau innerhalb des Ortes bekannt gegeben.
- Groß Wasserburg erhielt im Jahre 1996/97 ein neues Energieversorgungsnetz durch die ESSAG. Nach entsprechender Antragstellung durch die Gemeindeverwaltung erfolgte eine Prüfung des vorhandenen Stromversorgungsnetzes. Ergebnis war, es zählte zu den ältesten Netzen im Altkreis Lübben. Am 4. April 1997 waren die letzten alten Stromanschlussleitungen gekappt. Heute kommt der Strom über den Keller ins Haus und das luftige Leitungsgewirr war verschwunden. Positiv für die Grundstücksbesitzer war, dass sie nur den neuen Hausanschluss bezahlen mussten.
- Der Gemeindevertretung lag in ihrer Sitzung vom 7. Mai 1996 der Entwurf für einen „Landschaftsrahmenplan" zur Beratung vor. Insgesamt sind sieben grundsätzliche Ziele in ihrer Stellungnahme vom 15. Mai 1996 aufgeführt. Abschließend wurde explizit gefordert, Zitat: „Das alles kann nur im Sinne der Bewohner von Groß Wasserburg und derjenigen Nutzer geschehen, deren Existenz vom befahrbaren und nutzbaren Spreewald abhängig ist. Es darf nicht passieren, daß den Einwohnern von Groß Wasserburg ein Programm aufdiktiert wird, das sie nicht mittragen können und ein Teil der Gewerbetreibenden durch dieses Programm ihre Existenz verlieren."
- 1995 begann die Beratung um die Dorferneuerung innerhalb der Gemeindevertretung. Die Bürger konnten sich dabei mit ihren Vorstellungen bis 1997 einbringen. Gemeinsam mit dem Projektierungsbüro Hunger konnte dann eine schlüssige Konzeption als Beschlussfassungsvorlage erarbeitet und in deren Ergebnis die Förderanträge gestellt werden. Nach deren Befürwortung und anschließender Freigabe der Fördermittel sind der Straßen- und Gehwegbau mit Wendeschleifenausbau durch die örtlichen Firmen Erwin Berndt/Groß Wasserburg und Erhard Leyer/Krausnick von 2000 bis 2002 in Angriff genommen werden.

43

- In diesem Zeitraum erfolgten auch die Rekonstruktion der Brücke über die Wasserburger Spree, die Pflasterung der Gehwege und die Sanierung der Feierhalle auf dem Friedhof. Selbst der Ausbau der Verbindungsstraße nach Köthen mit einer Fahrbahnverbreiterung von 3 auf 4,8 m konnte durch die Tiefbau- und Straßenbaufirma Erhard Leyer ausgeführt werden.

Alles Maßnahmen, die in ihrem Ergebnis das Dorf heute prägen und lebenswert machen. Die Bilder zeigen den Ausbau der Straße zum Friedhof, die neu gestaltete Feierhalle und den Brückenbau.

Veränderungen gab es auch in anderen Bereichen des täglichen Lebens, so z. B. bei der Postleitzahl für unsere Gemeinde.

1. Bereits im Dritten Reich gab es erste Versuche die Postströme zu ordnen. So konnte die 2 vor der Ortsangabe für unsere Region angegeben werden. Auch nach Kriegsende blieb das noch eine Zeit lang erhalten.
2. In der DDR gehörten zur Kreisstadt Lübben die Postleitzahl 7550 und zur Gemeinde Groß Wasserburg die 7551.
3. Für eine Übergangszeit im vereinigten Deutschland galt dann die O-7550 für Lübben und die O-7551 für Groß Wasserburg. Es war ein Provisorium, denn ab dem 01. Juli 1993 galt das einheitliche bundesdeutsche Postleitzahlsystem auch in den neuen Bundesländern. Groß Wasserburg erhielt die 15910 und Lübben die 15907.
4. Ab 01.01.2002 lautet nun die postalische Kennzeichnung 15910 Krausnick – Groß Wasserburg.

Nachdem die bisherige Bürgermeisterin Frau Witzsch nicht mehr kandidierte, wurde Herr Gerhard Buschick 1998 zum Bürgermeister gewählt. Jetzt galt es, bereits beschlossene Maßnahmen der Dorferneuerung erfolgreich umzusetzen. Mit dem dabei eingebundenen Ausbau des Wasserwanderrastplatzes erhielt der Ort sein attraktives touristisches Aushängeschild. Wohnwagen, Zelte und Wassersportler gehören ab da einfach zum Dorfbild.
Zur effektiveren Gestaltung der Verwaltungsarbeit stand ein freiwilliger Zusammenschluss von Orten im Land Brandenburg auf der Tagesordnung. Dazu gab es Einwohnerversammlungen.

Wie bekannt gegeben (durch öffentlichen Aushang), bitte ich alle Bürger an der Einwohnerversammlung am Dienstag, den 07. August 2001, um 19:00 Uhr in der Gaststätte, wegen der Wichtigkeit des Themas Gemeindegebietsreform, teilzunehmen.

Mit freundlichen Grüßen

G. Buschick
Bürgermeister

Der Nachbarort Leibsch hat sich mit Neuendorf am See und Neu Lübbenau zur Gemeinde Unterspreewald zusammengeschlossen. Angebote dem beizutreten hat die Gemeindevertretung Groß Wasserburg abgelehnt und sich dann mit Krausnick zur Gemeinde Krausnick - Groß Wasserburg deklariert.

Erinnerung

Wie durch Aushang eingeladen wurde, findet am Dienstag, den 22. Januar 2002, um 19:00 Uhr, in der Gaststätte Müller, die erste gemeinsame und gleichzeitig konstituierende Gemeindevertretersitzung Krausnick – Groß Wasserburg statt.

Buschick
Ortsbürgermeister

Groß Wasserburg hörte damit auf, als selbstständige Gemeinde zu existieren. Ab da gab es einen Bürgermeister für die Gemeinde Krausnick - Groß Wasserburg und in den beiden Ortsteilen je einen Ortsvorsteher. Bürgermeister blieb Herr Buschick, gleichzeitig war er Ortsvorsteher in Groß Wasserburg. Herr Hormann wurde als Ortsvorsteher in Krausnick gewählt.

Wichtig für die Gesamtgemeinde sind ihre ansässigen Firmen. Natürlich dominiert Tropical Island, aber daneben haben sich MAB, GRA, das Transportunternehmen Kukei, Straßenbau Leyer und Dachdeckerfirma Schulze in Krausnick, das Mobile Sägewerk Löffler, das Forstgewerbe Salomon, der Hygieneservice GroWa in Groß Wasserburg einen festen Platz im Wirtschaftsleben erkämpft. Das Hotel- und Gaststättengewerbe wird mit Landhotel Krausnick, dem Landgasthof Unterspreewald und Café Zum Bogenbiwak im Ortsteil Groß Wasserburg repräsentiert. In- wie ausländische Gäste besuchen all diese gastronomischen Einrichtungen gern. Für Bogenschützen unterhält Herr Franke einen wettkampferprobten Parcours am Rand von Groß Wasserburg. Natürlich gehören weiterhin Kahnfahrten und Paddeltouren ab dem Kahnhafen zum festen Bestandteil des touristischen Angebots.

WICHTIGE WAHLEN IN GROSS WASSERBURG

Aufgrund der Gemeindeordnung von 1851 erfolgte 1852 eine Wahl des Ortsvorstehers und eines Gerichtsmann. Zum Ortsvorsteher ist der Büdner Noack und zum Gerichtsmann Großbüdner Tinius gewählt worden. Gerichtsmann, später dann Schöffe, war der Stellvertreter des Ortsvorstehers. Die Wahl erfolgte nicht durch alle erwachsenen Einwohner. Im Durchschnitt waren es nur bis zu 30 männliche Hofbesitzer, die per Handzeichen öffentlich über die vorgeschlagenen Personen abstimmten. Frauen besaßen kein Wahlrecht.

Nach gleicher Wahlprozedur haben alle stimmberechtigte Groß Wasserburger, „Einsassen" genannt, dann 1858 den Büdner Winzer zum Ortsvorsteher gewählt. Winzer war mit 30 Amtsjahren das am längsten durchgängig amtierende Dorfoberhaupt. Gerichtsmänner waren Büdner Tinius und Neubauer Zernack.

1888 war eine Neuwahl des Gemeindevorstehers und Gerichtsmannes erforderlich, weil Winzer altersbedingt sein Amt niedergelegt hatte. Adolf Streichan ist ab da für 24 Jahre Gemeindevorsteher und Karl Köppen wurde zum Gerichtsmann gewählt. 30 „Einsassen"[41] haben auch hier öffentlich abgestimmt. Nach ihrem sozialen Stand waren 2 Gerichtsmänner, 10 Büdner, 5 Kolonisten, 9 Neubauern und 4 Einlieger wahlberechtigt. Eine erste soziale Umschichtung der Dorfbevölkerung ist sichtbar. Neubauern und Einlieger waren ab jetzt auch wahlberechtigt, allerdings immer noch keine Frauen.

1898 erfolgte die Wahl von Karl Schmogrow zum Gerichtsmann (Schöffen). Somit setzte sich bei dieser Wahl einer der wirtschaftlich potentesten Bauern durch.

1902 werden neben dem Gemeindevorsteher Streichan auch die 4 Gemeindevertreter[42] Karl Lucas, Karl Lindow, Karl Urban und Friedrich Domke erwähnt.

Am 21. Mai 1912 sind per Wahl Reinhold Domke als Gemeindevorsteher und Karl Lehmann zum Schöffen und 12 weitere Gemeindevertreter gewählt worden. Kriegsbedingt übernahm J. W. Lehmann am 24. Juli 1916 das Amt des Gemeindevorstehers. Nach Kriegsende übergab er dieses Amt wieder an den aus dem Krieg gekommenen Reinhold Domke. Adolf Streichan war ab 1924 für zehn Jahre der auf ihn folgende Gemeindevorsteher.

Die wirtschaftliche Situation der Bauern verschlechterte sich während der Weimarer Republik. Es kann nicht verwundern, wenn radikale Ideologien daher an Boden gewonnen haben. Mit den Wahlen zum Reichspräsidenten und dem Landtagen im Jahr 1932 wird das in Groß Wasserburg sehr deutlich. Nicht nur die vorangegangene Weltwirtschaftskrise war an einer derartigen Entwicklung schuld, nein auch, dass die Bürger nicht in dem demokratischen Prozess mitgenommen wurden. Hier die damaligen Wahlergebnisse, wie sie im „Täglichen Kreisblatt des Kreises Beeskow-Storkow" am 11. April 1932 veröffentlich waren:

Reichspräsidentenwahl:Hindenburg erhielt 36, Hitler 141, Thälmann 3 Stimmen.
Landtagswahl: SPD erhielt 25, Deutschnationale 7, Kommunisten 5, Wirtschaftspartei 1 und die NSDAP 145 Stimmen.
Vergleichbare Ergebnisse waren in den Nachbardörfern Leibsch und Köthen zu verzeichnen. Nur in Krausnick konnten die Sozialdemokraten die meisten Stimmen erringen.

Gleich nach der Machtübernahme durch die Nazis wurden am 12. März 1933 die „Gemeindeverordneten"[43] neu gewählt. In Groß Wasserburg waren das Gustav Buschick, Willy Menze, Adolf Scheit, Willy Schmogrow, Reinhold Domke, Gerhard Schulze, Reinhold Köppen und Adolf Streichan. Diese haben am 21. April 1933 den Gemeindevorsteher und dessen Stellvertreter gewählt und den Landwirt Oskar Ackermann als Gemeindevorsteher berufen. Neben den Geburtsurkunden mussten alle Gemeindevertreter den „Nachweis der arischen Abstammung" einzureichen. Im Ergebnis meldete der Landrat per 30. Oktober 1934 an die Kreisleitung der NSDAP, dass Oskar Ackermann zum Gemeindevorsteher und als Schöffen der Arbeiter Adolf Scheit und Steinsetzer Karl Lukas berufen sind. Aus dem Aktenbestand geht weiterhin hervor, dass schon im März 1935 der Gemeindevorsteher Ackermann sechs neue Gemeinderäte[44] vereidigt hat. Es waren das Malermeister Gustav Schulze, die Landwirte Reinhold Domke, Ernst Schüler und Karl Zernack sowie der Maurer Gerhard Schulze und der Arbeiter Adolf Scheit. Immer wieder stößt man bei der Akteneinsicht ab 1935 nur auf Berufungen und keine Wahlen. Bei 42 Parteigenossen der NSDAP (PG) im Dorf dürfte die Auswahl linientreuer Gemeinderäte und Bürgermeister nicht schwergefallen sein. Als letzter Bürgermeister war jedenfalls Gerhard Schüler für die Zeit von 1943 bis April 1945 berufen.
Ab dem 8. Mai 1945 galt Besatzungsrecht. Deutschland war in vier Besatzungszonen aufgeteilt, in denen recht unterschiedliche Wirtschafts- und Verwaltungspraktiken

galten. Aus Alliierten waren Gegner geworden. Das führte in den Kalten Krieg und letztendlich zur Spaltung Deutschlands. Im Osten des Restdeutschlands waren die Kommandanturen der Roten Armee bestimmend. Unter diesem Gesichtspunkt ist auch die weitere gesellschaftliche Entwicklung zu beurteilen.

Am 15. September 1946 fanden die ersten 'Gemeindewahlen' in der SBZ statt. In einem Rundschreiben des Landrates an alle Amtsbürgermeister war festgelegt, "Grundsätzlich hat die stärkste Partei den Bürgermeister ... zu stellen ..."[45]. In unserer Gemeinde stellte nur eine Partei, die SED und eine Organisation, die Vereinigung der gegenseitigen Bauernhilfe (VdgB) Kandidaten für die neu zu wählende Gemeindevertretung auf. Da seitens der Besatzungsmacht die verwaltungsmäßigen Strukturen nicht verändert wurden, gehörte Groß Wasserburg nach wie vor zum Amtsbezirk Krausnick. Meldung an den Kreis Beeskow-Storkow erfolgten über den Amtsbürgermeister. So auch die Vollzugsmeldung vom 20.10.1946 über die Aufstellung des „... Gemeindewahlausschusses für Groß Wasserburg..."[46]. Ihm gehörten 10 Personen an. Das Ergebnis der Wahl war keine Überraschung, laut der Wahlniederschrift vom 15.09.1946 erhielt die SED 6 die VdgB 3 Sitze für die Gemeindevertretung. Im Terminkalender für die Gemeindevertreterwahl stand als Vorgabe "... Zusammentritt der neuen Gemeindevertretung muß bis zum 15.10.1946 durchgeführt sein..."[47] um den Bürgermeister zu wählen. Es wurde Karl Büttner gewählt.

Im 40. Jahr des Bestehens der DDR sollte mit den Wahlen zu den Kreistagen, Stadtverordnetenversammlungen, Stadtbezirksversammlungen und Gemeindevertretungen vom 7. Mai 1989 ein umfassendes „Bekenntnis der Bürger zu ihrem Staat" ablegt werden. Dort, wo es nicht reichte, also die berühmten 99 oder 100 Prozent, ist nachträglich die Stimmenauszählung korrigiert worden. Diese Korrektur erfolgte nicht in den Wahllokalen, sondern wurde auf höherer Ebene angeordnet und ausgeführt. Das Wahlergebnis der Wahlen in Groß Wasserburg ist nicht verändert worden. Denn das in der Presse veröffentlichte Wahlergebnis deckte sich mit der öffentlichen Stimmenauszählung im Wahllokal. Ein wichtiges Ereignis der Wende war die Annullierung der Ergebnisse dieser Kommunalwahl und es gab Neuwahlen. Es waren die letzten Wahlen in der DDR. Im Ergebnis dieser Kommunalwahl fand eine öffentliche Gemeindevertretersitzung am 31.05.1990 in Müllers Gasthaus statt[48]. Es waren ca. 60 Bürger anwesend. Zwei Tagesordnungspunkte standen an:

Wahl des Bürgermeisters
und
Ziele der Legislaturperiode.

Frau Renate Witzsch wurde einstimmig von den Abgeordneten in geheimer Wahl als Bürgermeisterin wieder gewählt. Als Gemeindevorsteher hat man Herr Jürgen Tulenz berufen. In unserer Gemeinde setzten sich in beiden Fällen Kontinuität und Erfahrung durch. In dieser Umbruchphase war das für den Bürger wenigstens ein Stück Berechenbarkeit und wichtig.

Landtagswahl 14. Oktober 1990

Am 3. Oktober 1990 hatte sich das Land Brandenburg wieder gegründet. Mit dem Wahlslogen „Brandenburg wird wieder Brandenburg" trat Manfred Stolpe / SPD an und wurde vom neu gewählten Landtag zum ersten Ministerpräsidenten gewählt.

Wahlergebnisse zu den Kommunalwahlen am 05. Dezember 1993

Wahllokal: ehemaliger Kindergarten
Wahlvorsteher: Herr Roland Ackermann
Wahlberechtigte: 173 und die *Wahlbeteiligung* lag bei 69,36 Prozent.

Kreistag für den neuen Landkreis Spreewald - Dahme, bestehend aus den bisherigen Kreisen Lübben, Luckau und Königs Wusterhausen
Hier gingen die Stimmen recht deutlich an folgende Parteien:
SPD 20,56 %
PDS 18,61 %
CDU 16,67 %

Gemeindevertretung von Groß Wasserburg (pro Wähler 3 Stimmen)

Unabhängige Bürger (Herr Buschick, Herr Berndt, Frau Witzsch, Frau Krause)	202	56,11 Prozent
Frau Anita Krupsky	62	
Herr Franke	35	
Total	299	

Bürgermeister ehrenamtlich (hier hatte jeder Wähler nur eine Stimme)
Bei dieser Wahl wurden das erste Mal die Bürgermeister direkt gewählt, unabhängig ihrer Parteizugehörigkeit. Frau Renate Witzsch erhielt 79 JA und 39 NEIN Stimmen und war damit in ihrem Amt wiedergewählt.

Bei den Wahlen fällt auf, dass sich mehrere Bürger aus der Wendezeit nicht mehr zur Wahl stellten. Zur Wahl 1990 traten sie unter dem Gesichtspunkt von Demokratie, Recht und Ordnung an und wollten vieles im Interesse der Allgemeinheit verändern. Schnell haben sie aber erkannt, dass Abgeordneter zu sein nicht nur endlose Diskussionen bedeutet, sondern auch eine inhaltsvolle Arbeit mit und für ihre Wähler. Plötzlich musste man sich ja evtl. mit seinem befreundeten Nachbarn auseinandersetzen und nach einer Gesetzlichkeit richten, die in Bonn oder Potsdam erlassen worden sind. Dazu kam, dass das bereits erwähnte Abwasserproblem oder die Kernzonenregelung des Biosphärenreservats auf wenig Verständnis bei den Einwohnern stieß. Selbst die Aufgabenübernahme durch das neue „Amt Unterspreewald" wurde anfangs hinterfragt. Das hatte man sich ganz anders vorgestellt. Schlussfolgerung - nicht mehr antreten.

AMT UNTERSPREEWALD

Nach der Neubildung des Land Brandenburg galt es so schnell wie möglich funktio-
nierende Verwaltungsstrukturen zu schaffen. Es begann ein Prozess der Verwal-
tungskonzentration. Unter dem Motto Verwaltungsreform kamen die neuen Verwaltungsstrukturen zum Tragen. Zuerst wurde ab dem 3. Oktober 1990 in Schlepzig die
„Verwaltungsgemeinschaft Neu Lübbenau" für alle Orte rund um den Unterspreewald
eingerichtet. Sie befand sich im ehemaligen Bürogebäude der LPG. Dabei hat man
sich weitestgehend an der Struktur des alten Gemeindeverbandes Neu Lübbenau
orientiert. Forderung nach Bildung eines Amtes Märkisch Buchholz, und damit der
Wiederbelebung alter einstmals historisch gewachsener Verwaltungsorte, war nicht
gewünscht. Selbst persönliche Vorsprachen von Bürgermeistern beim Brandenburger
Innenminister, darunter war auch die Bürgermeisterin von Groß Wasserburg, sind
abschlägig beschieden worden. Als nächster Schritt folgte die Veränderung der
Amtszugehörigkeit. Dürrenhofe, Hohenbrück/Neu Schadow und Alt Schadow glieder-
ten sich dem Amt Märkische Heide in Groß Leuthen an. Die restlichen Dörfer Krausnick, Schlepzig, Neu Lübbenau, Leibsch, Neuendorf am See und Groß Wasserburg
kamen zur Verwaltungsgemeinschaft Schönwalde. Aus dieser ist dann per
20.10.1992 das Amt Unterspreewald hervorgegangen. Dem waren allerdings Be-
schlussfassungen aller Gemeindevertretungen vorausgegangen. Alle stimmten für
das neue Amt. Damit hörte der Unterspreewald auf, verwaltungsmäßig ein eigenständiges Ganzes zu sein. Politiker unterschiedlicher Couleurs waren fast froh dar-
über, dass dieser Prozess ohne größere Reibereien ablief. Das Amt Unterspreewald
war damit eines von 151 im Land Brandenburg. Trotzdem war das Zusammenwach-
sen der Dörfer in dem neuen Amt nicht einfach zu erreichen. Erschwerend kam hinzu,
dass bekannte Strukturen in der bisherigen Zusammenarbeit weggefallen waren. Für
einige Orte jenseits der Bahnschienen gab es dort ja nur die „Puschdörfer", also die
Dörfer um den Unterspreewald.. Dass sie aber über diese Dörfer von den Fördertöp-
fen für den Unterspreewald bzw. dem Biosphärenreservat partizipierten, haben sie
dabei völlig übersehen. Auch das Gewerbegebiet in Freiwalde ist als Segen für alle
Dörfer von einer großen Volkspartei propagiert worden. Lübben verweigerte sich und
setzte auf sein eigenes Gewerbegebiet in Neuendorf. Wirtschaftlichen Segen hat es
zuerst für Freiwalde gebracht, und ausgelastet ist es bis zum heutigen Tag immer
noch nicht. Trotzdem entstand ein Gewerbegebiet mit großen wirtschaftlichem Poten-
zial und der Schaffung von vielen dringend benötigten Arbeitsplätzen.
Nach den Ämterbildungen stand die Kreisgebietsreform im Land Brandenburg auf der
Tagesordnung. Relativ zügig erfolgte die dazu notwendige Beschlussfassung im
Landtag. Im § 9 des Gesetzes[49] wurde die Zusammenlegung der Altkreise Königs
Wusterhausen, Lübben und Luckau festgelegt. Es folgte das Gesetz zur Festlegung
der Kreisnamen. Der neu entstandene Kreis erhielt den Namen „Landkreis Dahme-
Spreewald" mit dem Landratsamt in Lübben. Bisherige Verwaltungsstrukturen änder-
ten sich bzw. brachen völlig weg. Es dauerte schon eine gewisse Zeit, um vor allem
bei der Bevölkerung eine breitere Akzeptanz zu erreichen.

Das Amtsblatt ist für alle Einwohner da und dient vor allem der Veröffentlichung von Beschlüssen der Amtsverwaltung und Gemeinden. Vereine können ihre Veranstaltungen präsentieren und Firmen erhalten die Möglichkeit zur Werbung. Auch der Kopf des Amtsblattes hat sich mehrmals geändert. Ursachen waren u. a. die Wappenfindung und dann der Zusammenschluss der beiden Ämter „Golßener Land" und „Unterspreewald".

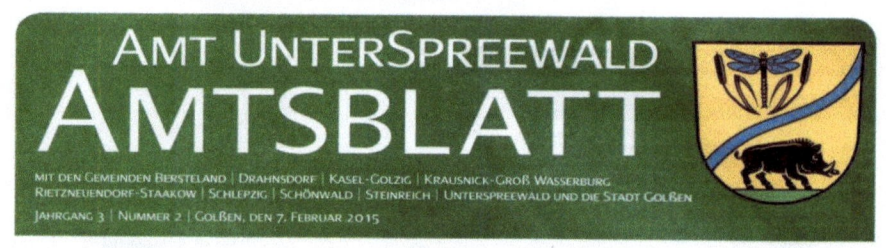

AMT UNTERSPREEWALD
AMTSBLATT
MIT DEN GEMEINDEN BERSTELAND | DRAHNSDORF | KASEL-GOLZIG | KRAUSNICK-GROSS WASSERBURG
RIETZNEUENDORF-STAAKOW | SCHLEPZIG | SCHÖNWALD | STEINREICH | UNTERSPREEWALD UND DIE STADT GOLSSEN

JAHRGANG 3 | NUMMER 2 | GOLSSEN, DEN 7. FEBRUAR 2015

Nochmalige Veröffentlichung der amtlichen Bekanntmachungen
aus Nummer 1 vom 10. Januar 2015

SCHULZE, GEMEINDEVORSTEHER, BÜRGERMEISTER, ORTSVORSTEHER

Schadow, Johann George	1766
Winzer, Christian	1775
Noack, Karl	1838 - 1858
Winzer, Johann Friedrich	1858 - 1888
Streichan, Adolf	1888 - 1912
Domke, Reinhard	1912 – 1916
Lehmann, J. W.	1916 – 1919
Domke, Reinhard	1919 - 1924
Streichan, Adolf	1924 - 1934
Ackermann, Oskar	1934 – 1936
Scheit, Adolf	1936 - 1937
Lukas, Karl	1937 – 1943 März
Schüler, Gerhard	1943 – 1945 April
Menze, Willi	1945/46 erfolgte ein rascher Wechsel
Handschick, Richard	und die aufgeführten zehn (bis Fischer)
Streichan, Adolf	Personen waren mitunter nur wenige
Holzhüter, Otto	Tage, Wochen oder Monate im Amt
Andro, Fritz	– immer waren sie von der
Menze, Karl	Besatzungsmacht eingesetzt
Büttner, Karl	
Ortlepp, Georg	einige Monate
Härtel, Erich	1946
Fischer, Richard	1946
Büttner, Karl	1946 - 23.01.1947 - gewählt
Miethling, Willy	1947 – 1956
Kostewa, Irene	1956 - 1957
Schmidt, Robert	1957 - 1959
Miethling, Willy	1959 - 1970

Miethling, Gerda	1970 - 1979
Witzsch, Renate	1979 - 1998
Buschick, Gerhard	1998 – 2019
Krupsky, Ilona	2019 -

Erst ab dem Jahr 1935 sind die Titel Bürgermeister ausgewiesen, vorher gab es Gemeindevorsteher und noch früher den Dorfschulzen.

Die Freiwillige Feuerwehr

DIE FREIWILLIGE FEUERWEHR GROSS WASSERBURG - 1926 BIS 2018

Gerätehaus der
Freiwilligen Feuerwehr Groß Wasserburg
bis August 2007

Brandschutz und Brandbekämpfung ist eine Aufgabe für das Allgemeinwohl, dem sich viele Bürger uneigennützig verpflichtet fühlen. Auch in Groß Wasserburg war und ist das so. Dafür ist ihnen Dank und der Respekt zu zollen.
Ein Blick auf die Geschichte der Freiwillige Feuerwehr ist Anlass, um an die Leistungen aller ehemaligen und heutigen Kameradinnen und Kameraden zu erinnern. Denn sie waren und sind es, welche Leben und Eigentum der Einwohner schützen. So erfüllten die Kameradinnen und Kameraden in den unterschiedlichsten politischen Systemen immer ihre Aufgabe zum Wohle der Einwohner und mehrmals auch in den umliegenden Orten.

ALTE VERORDNUNGEN

Schutz vor Bränden stellt immer eine Herausforderung an Bewohner und ihre staatlichen Organe dar. Bereits mit dem Ausbau der Hofflächen in der Gründungsphase des Dorfes, galt es dem gerecht zu werden. Bei Fachwerkhäusern, mit ihren meist offenen Feuerstellen unter den Roggenstrohdächern waren Bestimmungen zur Verhütung von Bränden sehr wichtig. So wurde in einer preußischen Verfügung aus dem Jahre 1740 u. a. sinngemäß festgelegt:

- Vorschriften zur Reinigung der Schornsteine,
- über die Beschaffenheit der Feuerstätten und
- dass die Backhäuser von den Gebäuden entfernt errichtet werden.

Zu deren Durchsetzung und Kontrolle war festgeschrieben: „Die Ortsschulzen und Schöffen ... sollen monatliche Revisionen abhalten und monatlich über den Befund berichten." Dazu waren sie mit ausreichenden Befugnissen ausgestattet und erhielten „... Prämien für jeden gemeldeten Uebertretungsfall."[50] Im preußischen Land Brandenburg ist 1848 eine zeitgemäßere Feuerlöschordnung erlassen worden, welche in allen Orten anzuwenden war. Im zweiten Abschnitt ist dort die Bildung von Löschdistrikten in den Kreisen angeordnet. Ihnen standen „Districts-Commissarien und ihre Stellvertreter" vor, die „von der Kreistags-Versammlung auf drei Jahre gewählt"[51] wurden. Bei Feuer haben der Commissarius und sein Stellvertreter „... die Pflicht, sich so schnell als möglich zur Brandstelle zu begeben und die Leitung der Löschanstalten zu übernehmen."[52] Als Dienstzeichen trugen sie eine weiße Binde. In der weiter unten beschriebenen Löschordnung von 1861 wird auf die Commissare mehrmals verwiesen. Übrigens, dieses preußische Distriktprinzip blieb bis in die Gegenwart erhalten. Zu DDR-Zeiten waren es die Wirkungsbereichsleitungen und heute ist es der Amtsbrandmeister.

Auf dieser Feuerlöschordnung fußend erhielt 1861 Groß Wasserburg seine eigene erste Feuer-Lösch-Ordnung. Das war allein schon durch die Bauweise der Wohn- und Wirtschaftsgebäude erforderlich geworden. Die Fachwerkhäuser mit ihren Roggenstrohdächern waren häufig Anlass genug für kleine und größere Brände. Dazu kam noch die ‚Schwarze Küche' mit dem offenen Feuer, welche mitten im Haus gelegen war.

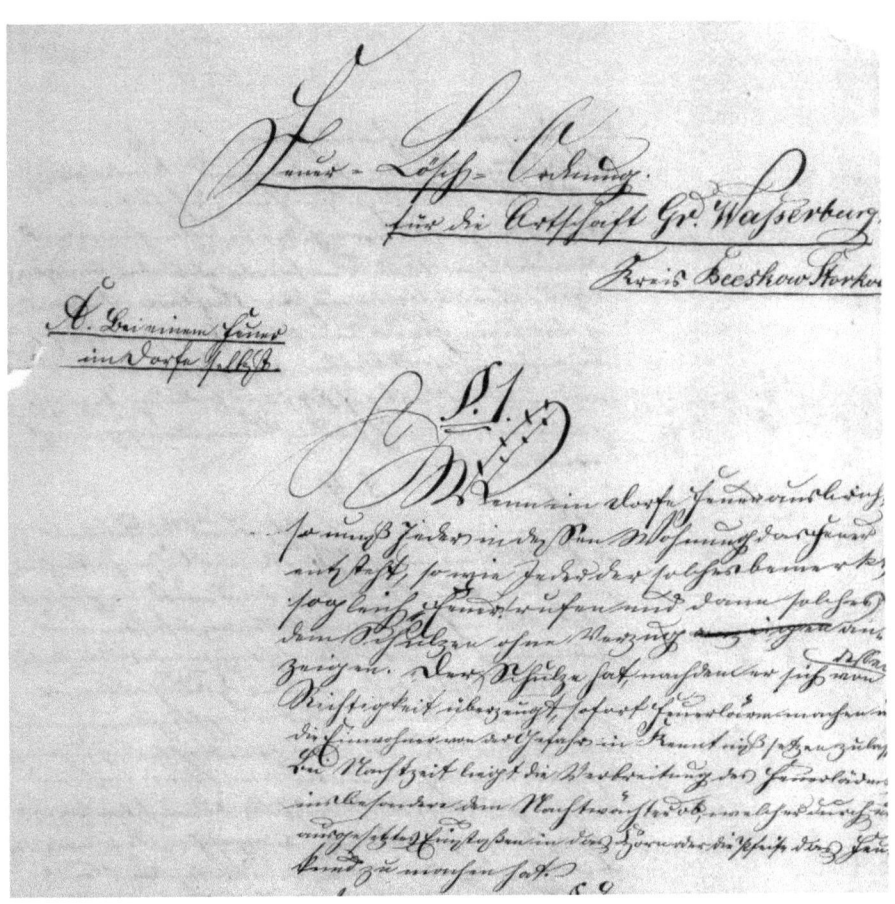

In der Folge einige Auszüge mit ihrem Text in heutiger Schreibweise:

Feuer-Lösch-Ordnung
für die Ortschaft Gr. Wasserburg
Kreis Beeskow-Storkow

A. Bei einem Feuer
im Dorfe selbst

§1

Wenn im Dorfe Feuer ausbricht
so muß Jeder in dessen Wohnung das Feuer
entsteht, so ein Jeder der solches bemerkt,
sogleich Feuer rufen und dann sofort
dem Schulzen ohne Verzug an-
zeigen. Der Schulze hat nachdem er sich von der
Richtigkeit überzeugt, sofort Feuerlärm machen um
die Einwohner von der Gefahr in Kenntniß setzen zulassen.
Bei Nachtzeit liegt die Vorbereitung des Feuerlöschens
Insbesondere dem Nachtwächter ob, welcher durch ein
ausgesetztes Einstoßen in daß Horn oder die Gefahr des Feuers
kund zu machen.

:

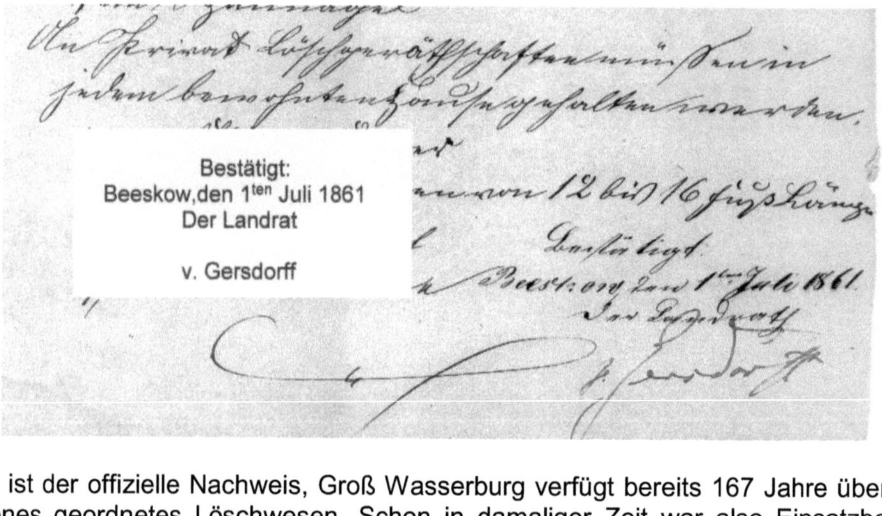

Bestätigt:
Beeskow, den 1ten Juli 1861
Der Landrat

v. Gersdorff

Das ist der offizielle Nachweis, Groß Wasserburg verfügt bereits 167 Jahre über ein eigenes geordnetes Löschwesen. Schon in damaliger Zeit war also Einsatzbereitschaft zum Wohl der Allgemeinheit eine Selbstverständlichkeit vieler Männer des Dorfes. Mit der Gründung der Freiwilligen Feuerwehr begannen die Kameraden also nicht bei Null.

GRÜNDUNG DER FEUERWEHR

Gesetze für den Brandschutz sind das eine, ihre Durchsetzung muss aber auch für die Menschen verständlich organisiert sein. In vergangenen Zeiten war es keine Selbstverständlichkeit, dass jedes Dorf eine straff organisierte Feuerwehr hatte. Hieraus erwuchs eine kreisliche Verwaltungsaufgabe und bis zum Ende der 20er Jahre des vorigen Jahrhunderts waren in allen Orten des Kreises Beeskow-Storkow Freiwillige Feuerwehren gegründet. Unter dieser Prämisse hatte sich am 31. Oktober 1910 der "Kreisfeuerwehrverband Beeskow-Storkow" gegründet.

Als sich die Freiwillige Feuerwehr im Ort gründete, gehörte Groß Wasserburg zum Kreis Beeskow-Storkow der Provinz Brandenburg in Preußen. Die Gründung erfolgte im Jahre 1926 mit 22 aktiven Mitgliedern, einer Handspritze und 100 Meter Schlauch. Der Gründungswehrleiter war Oberführer Dammer[53]. Er übte diese freiwillige Tätigkeit bis 1932 aus.

Kreisfeuerwehrverband Beeskow-Storkow

Gegründet den 31. Oktober 1910.

Vorsitzender: Kreisbrandinspektor. P. Weber-Beeskow.
Stellvertreter: P. May-Storkow.
Kassen- und Schriftführer: Kreisversicherungskommissar Neumann-Beeskow.
Beisitzer: F. Kuhlig-Wendisch-Buchholz, Dahmes-Reischendorf, Rudolf-Glienicke, Haffner-Friedersdorf.

Freiwillige Feuerwehren des Kreises.

Ort und Name des Oberführers	Gründungsjahr	Aktive Mitglieder	Spritzen	Motor-Spritzen	Schläuche m
Schneeberg (Oberführer Zach)	1922	25	1	1 fl.	100
Schwerin (Oberführer Richter)	1927	22	1		100
Spreenhagen (Oberführer Engel)	1908	18	1		100
Tarche (Oberführer Graßme)	1921	25	1		150
Trebatsch (Oberführer Lebat)	1912	30	1		300
Wendisch-Rietz (Oberführer Krüger)	1914	22	1		200
Wernsdorf (Oberführer Zschinsky)	1909	18	1	1 fl.	250
Groß-Wasserburg (Oberführer Dammer)	1926	22	1		100
Wilmersdorf (Oberführer Fischer)	1926	22	1		100

Der Oberführer und sein Stellvertreter mussten ein sogenanntes Oberfeuermann- und Brandmeister-Examen ablegen und sind jeweils in der Hauptversammlung der Ortsfeuerwehr für 3 Jahre gewählt. Die Ortspolizeibehörde bestätigt dann ihre Wahl und damit war auch das Unterstellungsverhältnis eindeutig geregelt. Dieses polizeiliche Unterstellungsverhältnis blieb zumindest in Teilbereichen bis zum Ende der DDR bestehen. Neben der eigentlichen Brandbekämpfung und Sicherung der Einsatzbereitschaft oblagen den Kräften der örtlichen Feuerwehren auch Aufgaben im Rahmen von unterstützenden Maßnahmen der Polizei bei der Gewährleistung von Ordnung und Sicherheit. Wie sah nun der Dienstablauf aus?

Der Dienst erfolgte gemäß der abgebildeten Satzung.. Neben allgemeinen Festlegungen zur Mitgliedschaft oder Ehrenmitgliedern enthielt sie selbstverständlich die Vorschriften zur Dienstausführung, den Dienstgraden und der Anzugordnung.

4. Verhalten im Dienst.

In jedem Dienst ist ein der Manneszucht entsprechendes Benehmen zu beachten. Alle Befehle und Kommandos sind unweigerlich auszuführen. Ohne einen bestimmten Befehl hat kein Feuerwehrmann etwas zu unternehmen oder gar seinen Platz zu verlassen. Ausgenommen sind die Fälle, bei denen Gefahr im Verzuge ist und augenblicklich gehandelt werden muß. Für seine Handlungsweise ist dann der Betreffende verantwortlich.

Zu den Uebungen hat jeder Feuerwehrmann pünktlich zur festgesetzten Zeit zu erscheinen, auch in Behinderungsfällen hat sich derselbe schriftlich oder mündlich beim Kommando zu entschuldigen. Wer dreimal hintereinander ohne schriftliche Entschuldigung fehlt, wird ausgeschlossen.

Zum Dienst ist möglichst die volle Dienstkleidung und Ausrüstung anzulegen.

Das Rauchen im Dienst ist verboten.

5. Verhalten außer Dienst.

Außer Dienst sind weder Uniform- noch Ausrüstungsstücke zu gebrauchen, namentlich darf sich kein Feuerwehrmann in Uniform ohne Erlaubnis aus dem Orte entfernen.

6. Beschwerdeweg.

Laute Beschwerden vor versammelter Mannschaft sind streng untersagt. Beschwerden über Kameraden sind zunächst bei dem Führer des betreffenden Zuges anzubringen. Beschwerden über den Zugführer gehen an den Oberführer der Wehr und über letzteren an dessen Stellvertreter. Die Meldungen können nur auf dem angeführten Instanzwege bis zur höchsten Stelle weitergegeben werden.

7. Ehrenbezeugungen.

Im Dienst sind militärischer Gruß und Haltung vorgeschrieben.

Satzung

der

Freiwilligen Feuerwehren

des

Kreises Beeskow-Storkow.

Brandenburg. Prov.-Feuerwehrverband.

Kreisblatt-Druckerei Beeskow i. M.

Die Ausbildung fand einmal monatlich, immer an einem Sonntag, statt. Die Angehörigen der FFw hatten "vollzählig anzutreten" und nach der "Meldung an den Oberführer" wurde das Übungspensum absolviert. Im Anschluss an den Dienst bzw. der Übung wurde bestimmt so manches "Strahlrohr" in Müllers Gasthof "Zur Linde" geleert. Für die Kameraden der Groß Wasserburger Feuerwehr war damals der Spruch: „Gott zur Ehr – dem Nächsten zur Wehr" nicht nur ein Bekenntnis, sondern gleichzeitig Verpflichtung. Bereits seit 1890 stand ein kleines Gerätehaus im Seitenweg der Dorfstraße nach Köthen. Es entsprach bald in keiner Art und Weise den Anforderungen für eine ordnungsgemäße Dienstausführung und so strebte die Gemeinde sofort nach Wehrgründung den Bau eines neuen Spritzenhauses an. Der Hauptbeweggrund

war, eine direkte Anbindung an die Dorfstraße und damit die Verbesserung der Aus-rückemöglichkeit für die Spritze mit Pferdevorspann zu gewährleisten.
Leider kam es aber nicht dazu.

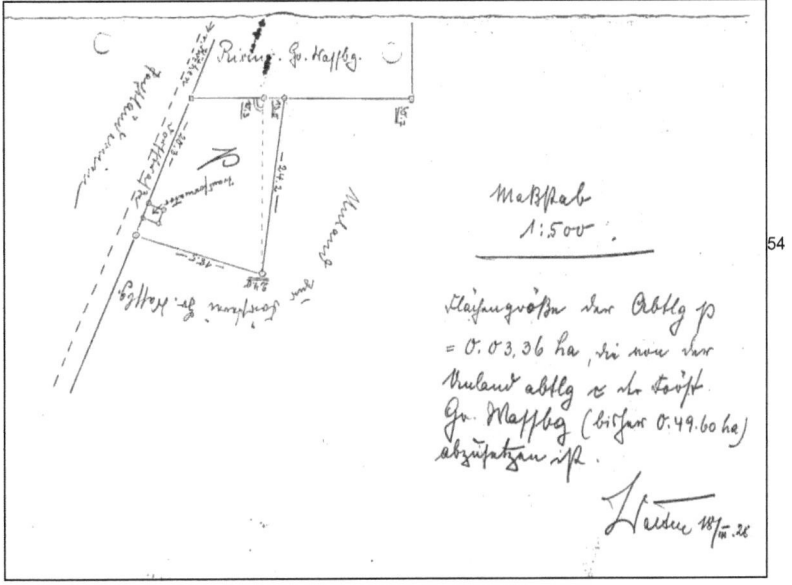

Es wurde nicht auf dem Areal des Forstgrundstücks errichtet, so wie es der "Erlaub-

nisvertrag" zwischen der Preußischen Oberförs-terei Klein Wasserburg und dem Gemeindeamt Groß Wasserburg vorsah. Später wurde jedoch das Trafo-Haus zur örtlichen Stromversorgung an diesem genehmigten Platz errichtet. Das „Spritzenhaus" bekam den typischen Trocken-turm angebaut und verblieb an seinem ange-stammten Ort. So ist es bis heute geblieben. Aus der obigen Skizze zum Erlaubnisvertrag ist die reduzierte Flächenbeanspruchung dann auch ausgewiesen.
Neben dem Transformatorenhaus wäre zweifels-frei noch genügend Platz für das Feuerwehrgerä-tehaus gewesen.
Als Oberführer Scheit (auf dem Foto in Wehr-machtsuniform[55]) 1932 die Wehrleitung über-nahm, waren es bereits 24 Mitglieder mit einer fahrbaren Spritze und 200 m Schlauch[56]. Im Kreis-Kalender Beeskow-Storkow von 1935 sind

59

als Führer der Löscheinheit der Oberführer Schüler mit 30 Mitgliedern angeführt. Kriegsbedingt übernahm später Paul Gnädig die Leitung der Löscheinheit. Sofort nach der Machtergreifung der Nazis erfolgte die Umstrukturierung der Feuerwehren auf der Basis der bestehenden Polizeibezirke. Hauptbrandmeister Scheit aus Groß Wasserburg übernahm die Funktion des Wehrleiters der "Freiwilligen Feuerwehr des Ortspolizeibezirkes Krausnick". Im Kreiskalender von Beeskow-Storkow sind die dazugehörigen "Löscheinheiten"[57] wie folgt aufgeführt:

Ort	Halblöschzug	aktive Mitglieder	Name des Führers der Löscheinheit
Groß Wasserburg	1	30	Schüler
Köthen	1	18	Götze
Krausnick	1	26	Tulenz
Leibsch	1	21	Hidde

Die Ausbildung der Feuerwehrführer erfolgte an der Landesfeuerwehrschule in Beeskow. Selbstredend besuchten auch alle Führer der Groß Wasserburger Löscheinheit die dortigen Lehrgänge. Noch vor dem 2. Weltkrieg erhielt die Wehr eine sogenannte Protze, beidseitig waren Schlauchhaspeln eingehängt. Später sollte noch mit einer TS nachgerüstet werden. Der Krieg verhinderte dies allerdings. Bei Kriegsende verschwand die Protze und es blieb die alte Handdruckspritze mit Pferdevorspann. Im Verlauf des Krieges schrumpfte die Mitgliederzahl der Feuerwehr. Jetzt konnten auch Jugendliche, nicht "Volljährige", aufgenommen werden. Den Dienst hatten sie wie jedes Mitglied auszuführen. Wichtig war, der Brandschutz im Ort konnte gewährleistet werden. Mit Kriegsende 1945 wuchsen die Aufgaben für alle Mitglieder unserer Freiwilligen Feuerwehr sprunghaft an. Ausgedehnte Wald-, Schoberbrände, aber auch Brände von Wohnhäusern und Scheunen im Ort mussten gelöscht werden. Problematisch gestaltete sich dabei, dass es Anfangs keine klaren Leitungs- und Befehlsstrukturen mehr gab.

DIE FEUERWEHR VON 1945 BIS 1989

Die Mitgliedschaft in der Freiwilligen Feuerwehr gehörte auch nach Kriegsende zu den angesehensten gesellschaftlichen Tätigkeiten. Viele Männer setzten ihre ehrenamtliche Tätigkeit in der Feuerwehr fort. Allerdings galt jetzt Besatzungsrecht, und die Sowjetische Militäradministratur bestimmte die Dienstausführung.
Am 5. 11. 1948 sind dann die unten aufgeführten Personen nach SBZ-Statut als

Vorläufiges Statut

für die

Feuerwehren

in der SBZ

„Feuerwehrmann" offiziell in die Ortsfeuerwehr aufgenommen worden. Das ist übrigens die erste vollständige Mitgliederliste der Groß Wasserburger Feuerwehr nach Kriegsende:

Menze, Karl	Simon, Alfred
Lukas, Rudi	Fischer, Herbert
Hodnitzek, Alois	Tinius, Kurt
Schwietzke, Walter	Stanislowski, Erwin
Schulz, Erhard	Büttner, Willi
Wunderlich, Erwin	Jänicke, Günter
Handschick, Werner	Ackermann, Werner
Riehn, Konrad	Budick, Kurt
Kny, Richard	Scheit, Günter

Alle Feuerwehrmitglieder erhielten einen Dienstausweis[58]. Sieben dieser Feuerwehrmänner waren gerade aus der Kriegsgefangenschaft und ein junger Kamerad aus einem stalinistischen NKWD-Lager entlassen worden. Als Leiter der Feuerwehr Groß Wasserburg ist Günter Scheit tätig. Ob gewählt oder eingesetzt ist heute nicht mehr nachvollziehbar. Wichtig ist, er war der Chef der örtlichen Feuerwehr. Sein Vater war, wie weiter oben geschildert, bereits als Hauptbrandmeister langjährig tätig. Selbst in späteren Jahren lag die Wehrleitung in den Händen dieser alten ‚Feuerwehrdynastie', auch wenn dann der Schwiegersohn die Tradition hochhielt. Nach Angaben älterer Kameraden verfügte die Feuerwehr in den ersten 15 Jahren nach 1945 über folgenden Technikbesatz[59]:

1945 - 1950   1 Handdruckspritze
1950 - 1959   1 TS 4 (Tragkraftspritze, Zahl = Literleistung)
1959 -   1 TS 8

Übrigens, die alte Spritze soll nach ihrer Außerdienststellung in einem Museum gelandet sein. Neben der Ausbildung und Brandbekämpfung rückte wieder verstärkt der vorbeugende Brandschutz in den Mittelpunkt der Dienstausführung. Am 25.11.1950 fand in der damaligen Schule eine Versammlung von 21 Feuerwehrmitgliedern des Ortes statt. Es galt, die freiwilligen Feuerwehren nach Gründung der DDR neu zu konstituieren.

Zwei Punkte standen auf der Tagesordnung:

1. Die Arbeit zur Verhütung von Bränden.
2. Die Neuerfassung der Mitglieder der FFw Groß Wasserburg[60].

Der Wehrleiter nannte sich nun "Leiter der Feuerwehrkommandostelle" und unterstand dem Feuerwehrkommando des Kreises Beeskow-Storkow. Regelmäßig fanden Tagungen und Schulungen der Kommandostellenleiter in Storkow statt.

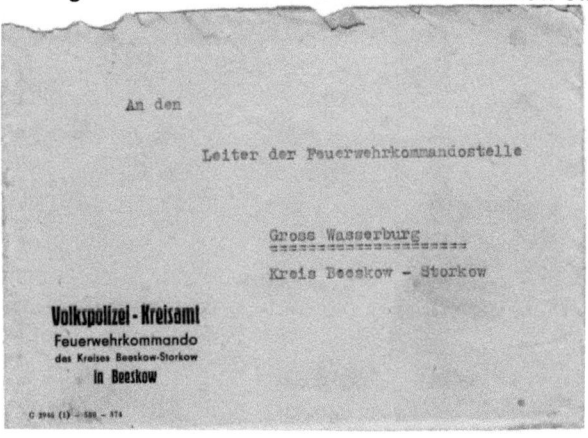

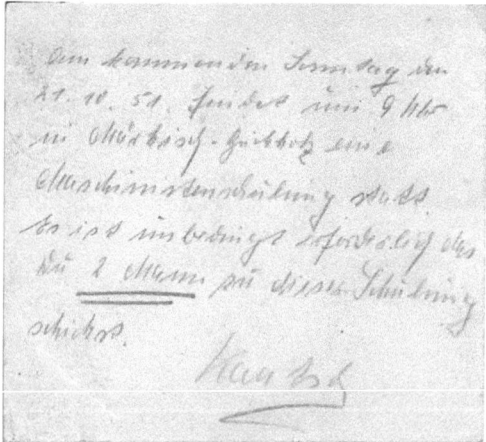

Zur Wehrleitung ist bekannt, dass bereits 1951 Rudi Lukas den Kameraden Scheit ablöste und dann bis 1958 als Wehrleiter[61] wirkte.

Auch damals war Ausbildung ein wichtiger Bestandteil der Tätigkeit eines Feuerwehrmannes. So erhielt der Wehrleiter Rudi Lukas 1951 eine Aufforderung, dass die Teilnahme an einer Maschinenschulung[62] abzusichern sei. Damals galt die 6-Tage-Arbeitswoche, also blieb nur der Sonntag für eine derartige Schulung. Die persönliche Einstellung bestimmte für oder gegen die Feuerwehr.

Zwei Kameraden nahmen nachweislich daran teil. Nach der DDR-Verwaltungsreform von 1952 und der Bildung der Bezirke erfolgte wieder eine Neustrukturierung der Feuerwehren auf der Basis der neuen Kreise. Das Dorf gehörte jetzt zum Kreis Lübben. Als ein Organ des Rates der Gemeinde nahm die FFw alle Brandschutzaufgaben im Ort wahr. Andererseits unterstand sie ausrüstungsmäßig der Abt. Innere Angelegenheiten beim Rat des Kreises Lübben. Dazu kam, dass die Abt. Feuerwehr des VPKA das Sagen hinsichtlich Ausbildung und Einsatz hatte. In diese Zeit der Umstrukturierung der örtlichen Feuerwehren viel auch ein größerer Löscheinsatz. Die alte mit Rohr gedeckte Scheune des Bauern Richard Köppen viel den Flammen zum Opfer.

Mit der Bildung der Wirkungsbereiche verstärkte sich das gemeinsame Handeln der einzelnen Wehren rund um den Unterspreewald und es entstand eine höhere Schlagkraft. Zum neu gebildeten Wirkungsbereich Neu Lübbenau gehörten die Wehren aus Neu Lübbenau, Hohenbrück, Neu Schadow, Alt Schadow, Neuendorf/See, Leibsch, Groß Wasserburg, Krausnick, Schlepzig, Dürrenhofe und Kuschkow. Die Feuerwehr von Kuschkow verfügte zu jener Zeit über das einzige Auto im Wirkungsbereich, einem Mannschaftswagen vom Fabrikat Opel. Kamerad Rudi Lukas war als Stellvertreter tätig und löste dann 1958 den Kameraden Dillan aus Kuschkow in der Funktion als Wirkungsbereichsleiter ab[63]. Ab diesem Zeitpunkt übernahm Kamerad Hans-Joachim Löffler für 33 Jahre die Leitung der Groß Wasserburger Wehr. Die Groß Wasserburger Feuerwehr gehörte in dieser Zeit mit zu den Leistungsträgern im Wirkungsbereich. So kam es nicht von ungefähr, dass im Dorf auch wichtige Übungen durchgeführt wurden. Die Lausitzer Rundschau vom 18.06.1958 vermeldete: "Zum Abschluss der Brandschutzwoche wurde in Groß Wasserburg eine Großübung der Freiwilligen Feuerwehren durchgeführt, an der sich auch die Wehren Leibsch, Schlepzig, Groß Wasserburg und Kuschkow beteiligten."[64]

Nicht nur Kamerad Rudi Lukas wirkte aktiv in den Wirkungsbereichsleitungen mit. Auch Hans-Joachim Löffler war bis 1968/69 einer ihrer Mitglieder. Deren Leitung aus Günter Kaatsch/Leibsch, Willi Marker/Schlepzig und ihm[65] bestand. Somit gehörte unsere Wehr dem Wirkungsbereich Neu Lübbenau an, obwohl sich dieser inzwischen verändert hatte und nur noch die Feuerwehren innerhalb des nun existierenden Gemeindeverbandes Neu Lübbenau umfasste. Kamerad Sander aus Neu Lübbenau, viele Jahre Wirkungsbereichsleiter, hat die Leistungen der Wasserburger Feuerwehr stets anerkannt und gewürdigt. In diesem Zeitraum erhielten die Wehren in Leibsch, Neu Lübbenau und Schlepzig bereits neue Technik, nur die Feuerwehr Groß Wasserburg verblieb in ihrer kleinen Struktur. Hauptsächlich war sie für örtlich begrenzte Einsätze vorgesehen. Unabhängig davon waren die Anforderungen nicht geringer geworden. Es blieben der VEB Holzwaren und die umgebenden Kiefernwaldbestände eine ständige Herausforderung an die Einsatzbereitschaft der Wehr. Diese Entwicklung war dem Ausbau von Stützpunktfeuerwehren auf Kreisebene geschuldet. Unabhängig von dieser Entwicklung blieb die Einsatzbereitschaft der Groß Wasserburger immer gewährleistet.

Auf dem folgenden Foto sind die Wirkungsbereichsleitung und alle örtlichen Wehrleiter mit Stand um 1988 abgebildet. Auf dem Foto sind zu sehen: in der ersten Reihe u. a. Kamerad Sander als Wirkungsbereichsleiter (3. von links), Oberleutnant. Weber als Leiter der Abt. Feuerwehr des VPKA Lübben (5. von links) und Kamerad Löffler als Leiter der FFw Groß Wasserburg (rechts) zu sehen.

Wie in vielen Bereichen des öffentlichen Lebens der DDR kam es auch bei den Feuerwehren zu ideologischen Überhöhungen. So wurde dem Spruch „GOTT ZUR EHR – DEM NÄCHSTEN ZUR WEHR" der Kampf angesagt. Auch einem Engagement von Handwerkern und Gewerbetreibenden in den Leitungen der Feuerwehren stand man anfangs kritisch gegenüber. Das änderte sich erst unter dem Gesichtspunkt der Einsatzbereitschaft. Gewerbetreibende waren ja meist im Ort ansässig und somit verfügbar. Auch die Zeit der LPG-Gründungen blieb nicht ohne Wirkung auf die Leitung der Feuerwehr. So kam es, dass nachdem Kamerad Rudi Lukas eine sofortige LPG-Mitgliedschaft ablehnte, er von der Funktion als Wirkungsbereichsleiters abgesetzt wurde. Trotzdem fühlte er sich auch weiterhin als Feuerwehrmann der Allgemeinheit verpflichtet.

Die Groß Wasserburger Wehrleitung war personell über Jahre recht stabil geblieben. Dazu trug ihre regelmäßige und gute Ausbildung bei. An der Feuerwehrschule in Kamenz haben u. a. die Kameraden Löffler, Krupsky und Gnädig ihr Wissen erweitert[66]. Neben dem Wehrleiter Hans-Joachim Löffler fungierten als seine Stellvertreter Karl-Heinz Gnädig, Manfred Krupsky und später Gerhard Blümel sowie Norbert Krupsky.

Funktionen innerhalb der Wehr begründeten sich nach dem "Statut der Freiwilligen Feuerwehren § 5 (1)"[67] der DDR. So bestand die Wehrleitung damals aus:

- dem Leiter der örtlichen freiwilligen Feuerwehr,
- dem Stellvertreter für Kontrolle im Brandschutz,
- dem Stellvertreter für Einsatz, Aus- und Weiterbildung.

64

Mitglied konnten Männer, Frauen und Jugendliche ab dem 16. Lebensjahr werden. Gemäß § 10 des Statutes gab es sieben "Feuerwehrmann-" und sechs "Offiziersdienstgrade". Mit Stolz können unsere Kameraden vermerken, dass ihre Wehr fast ein halbes Jahrhundert maßgeblich die Geschicke des Brandschutzes in unserem Gebiet mitgeschrieben hat. Das sollte Ansporn für die heutige Generation sein.

In dem waldreichen Gebiet an und um die Krausnicker Berge waren Waldbrände nichts Unbekanntes. Oder denken wir nur an den Brand Mitte der 60er Jahre im damaligen LUMA-Werk. Ausgelöst wurde er durch einen Blitzeinschlag. Löschwasser musste vom A-Graben über lange Strecke herangeführt werden. Das Farbhäuschen[68], voll mit explosiver Nitro-Farbe, stand knapp 4 m von den Flammen entfernt. An ein Ausräumen war aufgrund der Hitze nicht mehr zu denken, also wurde es mit Wasser regelrecht geflutet und gekühlt. Nach dem Löscheinsatz bei einem Waldbrand vom 06. März 1963 schoben die Kameraden dann Brandwache. Die örtliche LPG „Mühlenspree" spendierte Getränke für diesen Einsatz[69]. Besonders die Waldbrände bargen immer Gefahr eines Überschlagens auf den Ort, denn Kieferwald grenzte in mehreren Bereichen direkt an die Grundstücke. Eine weitere Gefahr ergab sich aus den regelmäßigen Übungen der sowjetischen Streitkräfte in den Wäldern. Im Jahre 1985 kam es im Rahmen einer solchen Übung zu einem Waldbrand auf dem Wehla-Berg - 5 ha Kiefernwald brannten ab.

Zum vorbeugenden Brandschutz gehört auch die Sicherung einer stabilen Löschwasserversorgung, die über Hydranten[70] entlang der Dorfstraße gesichert ist. Regelmäßig werden sie auf ihre Ergiebigkeit überprüft und die entsprechende Fördermenge auf der Schutzabdeckung festgehalten.

Typische Ausrüstungsgegenstände aus den Jahren bis ca. 1985. Abgebildet sind C-Schlauch + Strahlrohr, Saugschlauch, Helm.[71]

Aber nicht nur der Brandschutz war wichtig. Nein, Katastrophenschutz ist in der Vergangenheit eine wichtige Aufgabe unserer Kameraden gewesen. Hierzu war die Wehr in die örtliche Zivilverteidigung (ZV) eingebunden. Besonders wenn Hochwasser drohte, galt es dann seinen Mann respektive Frau zu stehen. Erinnert sei an solche Hochwasser wie 1948 oder 1958. Die Mitglieder der FFw "schoben" dann Deichwachen oder fuhren wie 1958 mit Ochsen- und Pferdegespannen Sand zur Erhöhung der Deichkronen herbei. Während des Sommerhochwassers im August/September

TSA der FFw Groß Wasserburg am 16.08.1980

1981 drohten die Deiche zu brechen und wieder waren es die Kameraden der Feuerwehr sowie weitere verpflichtete Bürger, die rund um die Uhr Deichwachen stellten und mit Sandsäcken gefährdete Deichabschnitte verbauten. Die Situation war so kritisch, dass die Kameraden bei voller Lohnfortzahlung von den Betrieben freizustellen waren. Trotzt des stattfindenden Dorffestes führten sie ihren Dienst verantwortungsvoll aus,

66

damit andere in Ruhe feiern konnten. Über Jahre hinweg verfügte die Wehr über kein eigenes Zugfahrzeug oder KLF. Solch selbst gebaute Kleintraktoren, hier der vom Kamerad Blümel[72], wurden dann auch bei Einsätzen genutzt. Erst später stellte der VEB Holzwaren vertraglich ein Zugfahrzeug zur Verfügung.

Besonders seit den 70er Jahren war die Frauenlöschgruppe ein wichtiger Leistungsträger unserer Wehr. Das wurde wichtig und erforderlich, denn werktags konnte vielfach die Einsatzbereitschaft der Wehr nur über die im Ort arbeitenden Frauen abgesichert werden. 1971 bildete sie sich und Gründungsmitglieder waren u. a.: Frieda Holzhüter†; Erika Blümel, Marlies Sonnenberg†, Anita Krupsky und Anita Löffler†. Das die Frauen ihren „Mann", respektive „Frau" stehen konnten bewiesen sie bei der Beherrschung der Löschtechnik zu Wirkungsbereichsausscheiden. So erkämpften sie bei einem Ausscheid in Schlepzig einen 2. Platz im Löschangriff. 2006 konnte die Frauenlöschgruppe ihr 35jähriges Bestehen feiern. Erfreulich ist dabei festzustellen, dass heute mehrere jüngere Frauen die Gründungsmitglieder ablösen und ihre Einsatzbereitschaft unter Beweis stellen. Die Brandbekämpfung im Ort musste immer gewährleistet sein. Der Rat der Gemeinde schloss daher einen Kooperationsvertrag mit dem VEB Holzwaren, ehemals LUMA-Werk, ab. Der Betrieb sicherte die Unterstützung durch die dortige betriebliche Löschgruppe zu. Auch der Staatliche Forstwirtschaftsbetrieb, mit seinem Werkstatt-Stützpunkt, war für die Gemeinde eine feste Größe zur Sicherung des örtlichen Brandschutzes. Der Werkstattleiter des StFB stand mit einem Tanklöschfahrzeug sowjetischer Bauart im Notfall schnell und unbürokratisch zur Verfügung.

TLF vor der Forstwerkstatt[73]

Die Sicherung der Bereitstellung von Löschwasser war eine wichtige Aufgabe für den damaligen Rat der Gemeinde. So ging in den 80er Jahren des vorigen Jahrhunderts die Förderleistung der Hydranten zurück. Auch im Dorf fielen Hydranten trocken. Gemeinsam intervenierten die Wehrleitung und die Bürgermeisterin bei den zuständigen Kreisorganen. In deren Ergebnis wurden in Groß Wasserburg zwei Hydranten neu abgeteuft. Ausführende Firma war die private Brunnenbaufirma Greifeld aus Schönwalde. Das Problem betraf viele Gemeinden des damaligen Kreises Lübben. Ursache war u. a. in der Senkung des Grundwasserspiegels durch die vielen Tagebaue zu sehen. Nach Bestätigung dieses Fakts durch das Bergamt war eine unbürokratische Finanzierung und Planfreigabe für die Bauleistungen gesichert.

Der vorbeugende Brandschutz richtete sein Hauptaugenmerk auf den Schutz der Einwohner, ihres Eigentums und selbstverständlich auch auf die Erfordernisse gegenüber den örtlichen Betrieben. So wurde jährlich eine für alle Bewohner verbindliche Brandschutzkontrolle durchgeführt. Der Schwerpunkt lag dabei auf der Kontrolle der Dachböden, der Garagen und Scheunen. Mängel mussten durch die Eigentümer in kürzester Frist behoben werden. Ein besonderer Schwerpunkt lag auf der ordnungsgemäßen Lagerung von Kraftstoffen und anderen brennbaren Flüssigkeiten. Ein bei diesen Kontrollen über Jahre immer wieder auftretendes Problem war die Löschwasserversorgung im VEB Holzwaren. Häufige Kritik seitens der Feuerwehr veranlasste die Kombinatsleitung dazu, dass eine Ringwasserleitung mit Löschwasserentnahmestellen auf dem Betriebsgelände installiert wurde.

Die regelmäßige Ausbildung befähigte die Kameradinnen und Kameraden dazu, gute und ausgezeichnete Leistungen im Rahmen von Wirkungsbereichs- und Kreisausscheiden zu erzielen. Mehrere Urkunden und Pokale dokumentieren diesen Kampf- und Einsatzgeist. So wurde u. a. ein 3. Platz beim Wirkungsbereichsausscheid am 08.10.1988 errungen. Leider haben sich viele erkämpfte Pokale und Urkunden während der Wendezeit in Luft aufgelöst und können daher heute nicht mehr in der Traditionsecke unserer Wehr gezeigt werden. Schade!

DIE FEUERWEHR IN HEUTIGER ZEIT

Ein weiterer Einschnitt im Wirken der Wasserburger Feuerwehr erfolgte mit der Wende 1989/1990 und dem Beitritt der DDR zur BRD ein Jahr später. Vor allem die personelle Einsatzbereitschaft sank. Die ehemals bestehenden Leitungsstrukturen für Ausbildung und Einsatz im Kreis und dem Wirkungsbereich brachen weg und viele waren von dem Gedanken beherrscht, dass sie nun endlich ihre Wünsche nach einer "freien Feuerwehr" erfüllen können. Dabei vergaßen sie allerdings, dass dazu auch immer befähigte Leitungen, persönlicher Einsatzwille und vor allem Geld gehören. Also, auch jetzt benötigte man wieder einmal neue Strukturen und mit der Gebietsreform wurden sie, wie so oft von oben her geschaffen. Innerhalb des „Amtes Unterspreewald" ist die Wehr in die allgemeine Aufgabenerfüllung zur Brandverhütung und -bekämpfung eingebunden. Trotzdem waren unsere Kameradinnen und Kameraden auch in dieser Phase des Neubeginns immer auf der Höhe der Anforderungen und konnten mit Stolz ihre Festsitzung[74] zum 70jährigen Bestehen begehen. Der damalige Leiter der Feuerwehrortsgruppe, Kamerad Norbert Krupsky dankte den Kameradinnen und Kameraden für ihre Leistungen, nahm Beförderungen und Auszeichnungen vor.

Anlässlich des Dorffestes im Jahre 2001 beging die Groß Wasserburger Feuerwehr den 75. Jahrestag ihres Bestehens. Mit Stolz präsentierte sie sich mit einem eigenen Bild während des Festumzugs am 18.08.2001 mit der Wehrleitung Norbert Krupsky, Roland Ackermann u. Karl-Heinz Gnädig sowie dem Leiter des Ordnungsamtes vom Amt Unterspreewald, Herrn Schneider, an der Spitze.

2004 nennt sich die Feuerwehr in Groß Wasserburg "Feuerwehrortsgruppe" und als Leiter fungiert Kamerad Marcel Göhrs.

In den Jahren ihres Bestehens als Freiwillige Feuerwehr bedeutete das also vier Mal neue Strukturen und teilweise neue Vorschriften. All dies meisterten unsere Kameradinnen und Kameraden mit Bravour. So konnten die Bedingungen für eine effiziente Ausbildung und Einsatzgestaltung spürbar verbessert werden, indem u. a. 1993 das Gerätehaus durch die Groß Wasserburger Firma Erwin Berndt renoviert wurde. 1994 erhielt die Wehr ein Kleinlöschfahrzeug (KLF-TS 8) vom Typ B 1000. Bis zu diesem Zeitpunkt verfügte die Wehr nur über einen TSA. Ein

lang ersehnter Wunsch der Kameradinnen und Kameraden erfüllte sich damit. Beide Maßnahmen konnten nur gemeinsam mit dem Gemeindeamt verwirklicht werden. Der TSA blieb auch weiterhin im Einsatz. In ihm befanden sich ja die Tragkraftspitze und weitere Ausrüstungsgegenstände für eine Brandbekämpfung.

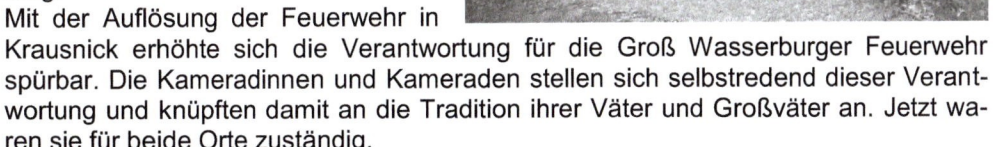

Mit der Auflösung der Feuerwehr in Krausnick erhöhte sich die Verantwortung für die Groß Wasserburger Feuerwehr spürbar. Die Kameradinnen und Kameraden stellen sich selbstredend dieser Verantwortung und knüpften damit an die Tradition ihrer Väter und Großväter an. Jetzt waren sie für beide Orte zuständig.

Mit der Ansiedlung mittelständiger Unternehmen, der Gründung kleiner Handwerks- und Gewerbebetriebe, dem Ausbau bestehender Unternehmen und dem Neubau von

69

Wohnhäusern im "Kleinen Grund" wuchs das Aufgabenfeld der Feuerwehr des Ortes. Nur durch eine gute Ausbildung und gepflegten Technikbesatz sowie eine stabile Mitgliederzahl kann sie dieser gewachsenen Verantwortung in der heutigen Zeit gerecht werden.

In der Nacht vom 8. zum 9. Oktober 2002 vernichtete ein Großbrand die Produktionshalle der Firma „fiedler fenster Tischlerei GmbH Groß Wasserburg".

Der Umfang des Feuers erforderte den Einsatz aller umliegenden Feuerwehren und der aus Lübben. Die Ortswehr sicherte anschließend noch das Objekt und hielt über Tage Brandwache. Wie sich später herausstellte, die Halle wurde durch Brandstiftung vernichtet. Damit nicht genug, es verloren fast 70 Arbeiter durch diese verbrecherische Tat ihren Arbeitsplatz, davon allein 35 am Brandstandort. Bis zum heutigen Tag konnten der/die Täter nicht ermittelt werden. Übrigens war es der größte Brand, der jemals in unserem Ort wütete. Werte von weit über 15 Millionen DM gingen in Flammen auf.

Am 3. August 2014 gab es im Dorf einen weiteren Löscheinsatz der Feuerwehren des Amtes Unterspreewald. Ein Nebengebäude auf einem Grundstück brannte ab. Zum Glück „nur" materieller Schaden. Einsatz erfolgte bei Starkregen.

Nun zu etwas Positiven, dem Umbau des Gerätehauses in den Jahren 2007 bis 2008. Es galt, der gewachsenen Bedeutung der Wehr seitens des Amtes Unterspreewald Rechnung zu tragen. Von der Grundsteinlegung am 21.09. über das Richtfest vom 12.11.2007 (siehe Foto) bis hin zur feierlichen Übergabe am 05.09.2008

erstreckte sich die Rekonstruktion. Im Anschluss an die Fertigstellung des Feuer-
wehrgerätehauses fehlte nur noch ein neues Einsatzfahrzeug. Es kam, am
29. September 2009 erfolgte die Übergabe des TSF (Trag-Spritzen-Fahrzeug).

Tradition verpflichtet, bereits mit Gründung der Ortsfeuerwehr trat sie dem damaligen
Kreisfeuerwehrverband Beeskow-Storkow bei. So war es für die Kameradinnen und
Kameraden keine Frage, dass auch sie am 27. Oktober 2016 dem Kreisfeuerwehr-
verband Dahme-Spreewald e. V. als ordentliches Mitglied beigetreten sind.

Nachwuchs für eine Feuerwehr zu sichern ist eine Aufgabe, der sich jede Wehrleitung stellen muss. Geht es doch um den aktiven Schutz von Leben und Eigentum. So gründete sich 2008 eine Jugendfeuerwehr unter Leitung von René Köppen. Jugendwart Christian Franke übernahm dann die Betreuung der Kinder und Jugendlichen. 2013 wurde er zum Jugendfeuerwehrwart des Amtes Unterspreewald berufen. Also auch hier, an dieser Wehr kommt man einfach nicht vorbei. Stolz können sie schon auf ihre Leistungen sein und wie betont: EHRENAMTLICH. Auch künftig kann die Freiwillige Feuerwehr in Groß Wasserburg ihre Aufgaben nur durch die Einsatzbereitschaft all ihrer Mitglieder erfüllen. Die Einwohner von Groß Wasserburg wissen, dass sie sich auf ihre Feuerwehr verlassen können.

Abschließend eine Zusammenfassung[75] der bisherigen Wehrleiter der Freiwilligen Feuerwehr Groß Wasserburg:

Gründungswehrleiter war	Oberführer Dammer
Ihm folgten als Wehrleiter	Adolf Scheit
	Ernst Schüler
	Paul Gnädig
	Willi Büttner
Leiter der Feuerwehrkommandostelle	Günter Scheit
	Rudi Lukas
Wehrleiter	Hans-Joachim Löffler
	Norbert Krupsky
Als Leiter der Feuerwehrortsgruppe	Marcel Göhrs
	René Köppen
	Marcus Gründel

Und abschließend ein Blick auf den ganzen Stolz der Feuerwehr des Ortes.

Demografische Entwicklung

Ein Dorf wird selbstredend über die in ihm lebenden Menschen charakterisiert. Die Ortsbevölkerung war noch bis zum Beginn des 20. Jahrhunderts eine auf sich ausgerichtete Gemeinschaft, welche ihre Wurzel in der bäuerlichen Produktionsweise hatte. Gerade seine Ortsgeschichte wird über die Bevölkerungsentwicklung charakterisiert. Im ersten Teil der Siedlungsgeschichte „Häusler – Büdner & Kolonisten – Bauern" ist bereits auf die Zeit von 1554 bis ca. 1850 umfassend eingegangen worden. Deshalb jetzt ein paar Anmerkungen zur sich langsam ändernden Sozialstruktur. Bis zur Reichsgründung 1871 war der Ort von kleinbäuerlichem Wirtschaften geprägt. Erst ab da veränderte sich die Sozialstruktur. Eine soziale Aufgliederung aller Einwohner des Ortes kann aus den vorliegenden Unterlagen nicht gegeben werden. Grund ist, dass immer nur die Hofbesitzer bzw. Familienvorstände benannt sind. So lebten 1805 nach BRATRING 152 Menschen an 22 Feuerstellen im Vorwerk Groß Wasserburg. Deren Familienvorstände werden hauptsächlich in den anschließenden Rezessen während der Separation aufgeführt. Entsprechend ihrer Bezeichnung als Büdner ist davon auszugehen, dass alle Hofbesitzer, ausgenommen dem Mühlenmeister, Landwirte waren. In einem der letzten Separationsrezesse vom 9. Juli 1851 werden die 23 Hofbesitzer als Großbüdner, Büdner oder Kolonist benannt. Hier konnte erstmals die Bezeichnung Kolonist für einen Hofbesitzer festgestellt werden. Alle anderen blieben beim Büdner. Der Müller, der Besitzer des Dorfkruges und der Lehrer war die soziale Spitze des Dorfes. Von seinem Stand her war der Krugbesitzer auch nur Büdner, hatte jedoch neben seiner Landwirtschaft noch die Lizenz einen ‚Krug', sprich Gastwirtschaft, zu betreiben und hob sich deshalb in seiner sozialen Stellung ab. Nach der Gründung des Deutschen Kaiserreichs begann sich langsam die soziale Stellung der Dorfbewohner zu ändern. Einmal wirkte sich hier die wirtschaftliche Sogkraft der Hauptstadt Berlin mit ihrem wachsenden Bedarf an Arbeitern aus. Zweitens wird das auch an der gewachsenen Zahl der Höfe deutlich. Ausgehend von den im Jahr 1851 benannten 23 Höfen hatte sich diese bis 1900 auf 42 erhöht. Das war eine sehr große Siedlungswelle, die aber erst den Ort zu einem richtigen Dorf machte. Landwirte waren noch der maßgebende Berufsstand neben 8 Arbeitern als Hofbesitzer. Ein Lehrer, der Förster, ein Fleischermeister und der Gastwirt rundeten die damalige Sozialstruktur im Dorf ab. Hier sind erstmals Arbeiter als Hofbesitzer sozial benannt. Nach dem I. Weltkrieg änderte sich das Sozialgefüge durch die Gründung von Handwerksbetrieben in den Gewerken Steinsetzer, Maler, Fuhrunternehmer und Bäcker weiter.

Einen Einblick in diese sozialen Veränderungen gestattet das „Einwohner-Verzeichnis des Kreises Beeskow-Storkow von 1939"[76]. Es war übrigens die letzte derartige Bekanntmachung vor Kriegsbeginn. Insgesamt werden 55 Familienvorstände entsprechend ihrer Tätigkeit aufgeführt, und zwar:

19 Landwirte
2 Bauern (Erbhofbauern)
21 Arbeiter
6 Handwerks- & Gewerbebetriebe
1 Förster
1 Lehrer
5 Rentner

Innerhalb von kapp 40 Jahren, seit der Jahrtausendwende, hat sich die Sozialstruktur im Dorf somit gravierend geändert. Dazu kommt, dass besonders die Handwerksbetriebe ihre Arbeiter aus der örtlichen Bevölkerung rekrutierten. So waren Lehrlinge aus dem Ort für die beiden Handwerksmeister Kroll und Schulze etwas Selbstverständliches. Hier ein Beispiel für den Steinsetzerlehrling Menze:

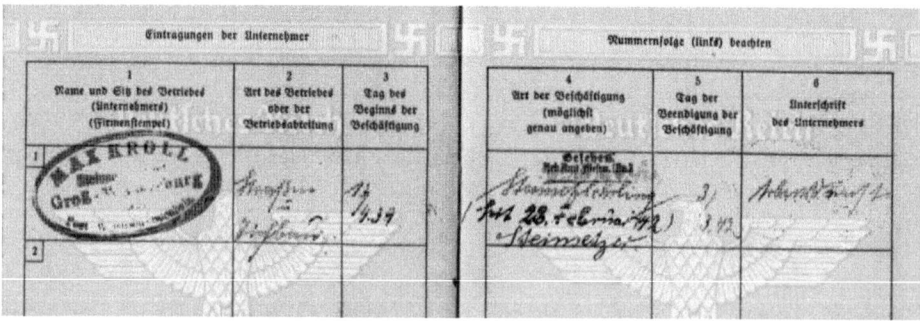

Da aber immer nur die Haupttätigkeit des Familienvorstandes benannt wird, muss erwähnt werden, dass mehrere der erfassten Arbeiter und selbst die Gewerbetreibenden noch eine kleinbäuerliche Landwirtschaft führten. Frauen, Altsitzer und die Kinder haben das meist bewerkstelligt. Dieser Zustand war der Historie der Ortsentwicklung geschuldet.

Als Handels- und Gewerbebetriebe sind aufgeführt:

Bäckereien	Boge, Rudolf & Schillich, Fritz
Fleischer	Fischer, Richard
Fuhrunternehmer	Zernack, Karl
Maler	Schulze, Gustav
Steinsetzer	Kroll, Max
Gastwirt	Müller

Auch nach dem Kriegsende bestanden diese Firmen noch eine längere Zeit. Nach 1945 kam es vorübergehend durch den Zuzug von Vertriebenen zu einem Bevölkerungszuwachs mit Folgen für die Bevölkerungsstruktur. Dazu aber mehr im Beitrag zu den Flüchtlingen, Vertriebenen und Umsiedlern. Die Folgen der forcierten Industrialisierung seit Gründung der DDR waren auch im Ort und seinen Einwohnern zu spüren. Besonders die junge Generation zeigte wenig Verständnis für ein bäuerliches Leben, so wie es ihre Eltern und Großeltern führten. Tagebau und Kraftwerke, das Textilkombinat in Cottbus oder Chemiefaserwerk in Guben boten lukrative Anreize für ein geregelteres Arbeitsleben. Weiterhin gewann die LPG des Dorfes einen immer größer werdenden Einfluss auf die Hofbesitzer. Der Druck auf Mitgliedschaft in der Genossenschaft wuchs an. Zu bedenken ist in diesem Zusammenhang, dass die Bauern den Lebensunterhalt ihrer Familien von ihren Wirtschaften schon lange nicht mehr bestreiten konnten. 1960 war das Dorf ‚Vollgenossenschaftlich' und die Hofbesitzer waren mehr oder weniger Angestellte ihrer eigenen LPG und von deren Gewinn abhängig. Erst mit der zunehmenden Konzentration auf einige wenige Genossenschaften am Unterspreewald und ihrer Mechanisierung / Industrialisierung bot die neue landwirtschaftliche Produktionsweise auch wieder Arbeitsanreize für junge Menschen. Das Sozialgefüge im Ort hatte sich bis dahin durch all diese Faktoren aber weiter geändert. Jetzt herrschten Arbeiter und Angestellte bei den Hofbesitzern vor. Landwirtschaft war nur noch im Nebenerwerb und auf Kleinstflächen möglich. Nach der Wende brach selbst dieser Restbestand an traditionellem Dorfleben weg. Geblieben sind Landbesitzer ohne eine reelle Chance von ihrem Grund und Boden leben zu können. Tendenzen einer Überalterung der Einwohner waren zu erkennen. Mit dem Zuzug in den Siedlungsbereich Kleiner Grund und auf einige aufgelassene Grundstücke ging zumindest eine Stabilisierung der Einwohnerzahl einher. Positiv ist auch zu vermerken, dass jüngere Leute wieder den Weg auf ihre angestammten elterlichen Höfe finden. Arbeit im klassischen Sinn gibt es keine mehr und der Ort definiert sich zunehmend als ein Wohnort mit hohem Freizeitwert. Touristische Angebote machen daneben das Dorf interessant und ansprechend. Trotzdem gab es nach 1990 eine Zeit des wirtschaftlichen Aufbruchs und dadurch die Möglichkeit, Sozialstrukturen in Richtung Handwerker und Gewerbetreibende zu verändern. Zu den drei noch bestehenden Gewerbebetrieben aus DDR-Zeit gesellten sich sechszehn Neue. Bis zur Jahrtausendwende schrumpfte die Zahl der Gewerbebetriebe wieder deutlich. Neben den Firmen fiedler fenster GmbH, Finsterwalder Holzwaren GmbH und Hoch-

und Tiefbau Berndt GmbH bestanden da nur noch drei weitere Firmen. Bis 2018 änderte sich die Gewerbestruktur weiter. Die GmbHs gibt es nicht mehr und alle sechs Gewerbebetriebe werden hauptsächlich als Einzelunternehmen in der Tourismus- und Dienstleistungsbranche geführt.

Unabhängig davon, hier eine Auflistung der Einwohner[77] an Hand zugänglicher Dokumente:

Datum/Jahr	Anzahl	Bemerkung
1576	1	Häusler
1600	1	Müller
1748	11	Häusler
1772	77	10 Feuerstellen
1774	72	
1775	14	Büdner und andere
1800	152	22 Feuerstellen
	12	Klein Wasserburg
1801	152	26 Siedler und Einlieger
1817	146	mit Klein Wasserburg
1837	255	Groß und Klein Wasserburg. 24 Häuser
1858	286	
	5	in Klein Wasserburg
1871	258	
	7	in Klein Wasserburg
1.5.1875	241	
1.12.1890	277	
1900	42	Häuser/Höfe
1.12.1910	252	
16.6.1925	250	
1931	50	Wohnhäuser
16.6.1933	263	
17.51939	245	55 Familienvorstände
28.2.1946	308	lt. Haushaltsplan
31.8.1946	310	dv. 63 Männer, 128 Frauen
29.10.1946	306	
31.3.1947	312	lt. Haushaltsplan
31.12.1948	326	lt. Haushaltsplan 1949
31.8.1950	287	
31.12.1964	259	
1.1.1971	262	
31.12.1981	239	
31.12.1985	239	

31.12.1989	219
3.10.1990	228
31.12.1991	222
31.12.1992	214
31.12.1993	212
31.12.1994	200
31.12.1996	197
31.12.1997	193
31.12.1998	193
31.12.1999	200
2000	173
2005	197
2010	211
2015	197
03.12.2018	192

Aus dieser Aufstellung sind mehrere Phasen der Bevölkerungsentwicklung erkennbar. Erstens die Besiedlungszeit bis ca. 1775, zweitens die Bevölkerungsexplosion mit und nach der Separation, drittens die Stabilisierung bis zum I. Weltkrieg, viertens eine langsame Abnahme der Einwohner und fünftens der spürbare Rückgang der Einwohner nach der Wende ab 1990. Interessant bei einer solchen Wertung ist ein Blick auf die Ursachen der Entwicklung. Es waren in erster Linie wirtschaftliche Entwicklungsfaktoren, die zu einem Anstieg bzw. Abfall der Einwohnerzahl geführt haben. In den etwas mehr als 40 Friedensjahren zwischen der Reichsgründung 1871 und dem Kriegsbeginn 1914 hat sich das Dorf zu dem entwickelt, wie wir es in den folgenden Jahrzehnten vorfinden. Alle in diesem Zeitraum neu gegründeten Höfe wurden als ‚Neubauern' oder ‚Neusiedler' im Grundbuch eingetragen. Es war ein Ort mit einer kleinbäuerlichen Sozialstruktur entstanden. Noch vor dem II. Weltkrieg waren Landwirte der prägende Bevölkerungsanteil. Nach dem Einschnitt durch die LPG-Gründung änderte sich die Sozialstruktur weiter. Neben den Genossenschaftsmitgliedern nahm der Anteil von Arbeitern besonders unter der jungen Generation zu. Erst nach 1995 kam es wieder zu Neuansiedlungen, die aber bisher keinen gravierenden Einfluss auf einen Anstieg der Einwohner haben.

SORBISCHE WURZELN

Ohne sich in eine unnütze Diskussion zum sorbischen Siedlungsgebiet zu verlieren ist festzuhalten, dass unsere Landschaft einstmals direktes Sorben-/Wendenland war. In einschlägiger Literatur, so unter anderem bei LEHMANN[78], wird davon gesprochen, Zitat: „Der Norden der Lausitz grenzte im 12. Jahrhundert und noch weit ins 13. hinein an slawisches, der deutschen Herrschaft noch nicht unterworfenes Gebiet, nämlich an das polnische Lebus und an das Land Teltow, jedenfalls einen

Teil des alten Slawengaues Zpriawani." Wenn hier das Land Teltow Erwähnung findet, dann ist davon auszugehen das der angrenzende Landstrich um den Unterspreewald auch noch nicht vollständig germanisiert war. Bis zu Beginn des 19.Jahrhunderts lebten hier in der Niederlausitz Sorben/Wenden, die ihre Wurzeln im sorbischen Stamm der Lusici haben. Daher können heute noch mehrere ortsansässige Familien ihren Stammbaum auf sorbische Ahnen zurückführen. Wer heute von den Wenden bzw. Sorben spricht, denkt in erster Linie an eine einheitliche Sprachgruppe, den Oberspreewald oder den Raum um Bautzen. Das ist aber so nicht richtig. Wir unterscheiden Ober- und Niedersorbisch und beide sind „... so verschieden wie Holländisch und Deutsch. Bereits untergegangen sind verschiedene Dialekte, die sich einst von Dorf zu Dorf unterschieden.[79]". In der Gegen um den Unterspreewald wurde Niedersorbisch gesprochen. Im ausgehenden 16. Jahrhundert werden für die Herrschaft Storkow 53 Dörfer und Vorwerke[80] als vollkommen ‚sorbisch' benannt. Den Unterspreewald betreffend werden aufgeführt:

Krausnick mit Vorwerk Wasserburg
Köthen
Leibsch
Neuendorf
Schadow (Alt)

Als ehemals zum ‚wendischen Distrikt' der preußischen Provinz Brandenburg gehörendes Gebiet sind auch heute sorbische Namen oder Bezeichnungen von Landstrichen oder Tätigkeiten Bestandteil unserer Alltagssprache. Bereits GRUNDLING[81] hat in seiner „Beschreibung der Chur-Mark Brandenburg" von 1724 darauf verwiesen, Zitat: „Die Wenden haben den Ländern zum Theil eigene Namen gegeben, ...". Viele Beispiele dazu finden wir noch in den Flur- und Personennamen. Gerade Personennamen besitzen schon deshalb eine gewichtige Aussagekraft zur Erforschung der wendischen Wurzeln. Budick, Laurisch, Schmogrow, Domke, Lukas, Buschick, Tschiersch, Zech, Nischan, um nur einige Familiennamen als Beispiele zu erwähnen, sind für unseren Ort kennzeichnend. Natürlich hat sich die heutige Schreibweise teilweise geändert, aber das ändert nichts an den ethnischen Wurzeln der Namen. Eine Namensanpassung in das Deutsche erfolgte schrittweise. So wurde u. a. aus dem sorbischen Wicaz, Witschas – der Lehensmann, ein deutscher Lehmann. Dazu kam noch, Amtssprache war Deutsch. Die Beamten hielten also auch sorbische Namen schriftlich in deutscher Lautsprache fest oder setzten als Familiennamen auch schon mal den Herkunfts-/Geburtsort ein. Auch das gab es, aus dem deutschen Lehmann wurde im Niedersorbischen der Lenik. Am Beispiel der Vorfahren der Familie des Verfassers kann ein solcher Prozess nachvollzogen werden. So wurde aus einem Mann der auf oder am Damm wohnte ein Dammer und sorbisch wurde es auch noch, wenn plötzlich Namen wie Lindow in der Ahnengalerie auftauchten. Auch ein so deutsch klingender Name wie Kroll leitet sich aus dem niedersorbischen crol für älter oder dem Krol für König ab. Vielleicht war ein sorbischer Vorfahr dieser Familie einmal Dorfältester. Heute würden wir ihn als Bürgermeister/Ortsvorsteher bezeichnen. Also deutsche Namen, wie die hier als Beispiele erwähnten Lehmann, Kroll und Dammer sagen nichts über Familienwurzeln aus. Hier stimme ich ausdrücklich MIETHE in seiner Kossenblatter Geschichte zu, wenn er feststellt „... die heutigen Nachfahren wissen davon nichts mehr, wollen meist davon nichts mehr wissen. Sie sind deutsch und immer schon waren ihrem phantastischen Bewusstsein nach ihre Vorfahren deutsch."[82] Aber dem war und ist nicht so, wie wir heute wissen. Interessantes lässt sich aus dem ersten Auftreten von Namen in unserem sorbisch/wendischen Raum ablesen. Budick trat bereits 1378 auf, während seine Ableitung, Buschick, erst 1649 vorkam. Beide Namen lassen sich auf die Stammform Budak, für Bewohner einer Häuslerbehausung, zurückführen. Es waren also landlose Siedler. Der bereits erwähnte Kroll trat seit 1369 als Crol auf. Wohingegen die Namen Nischan (1501), Laurisch (1523), Zech (1545), Zernack (1556), Schwietzke als Schwietzck (1566), Domke (1592) oder gar Handschick als Hazschigk (1648) erst später nachweisbar sind. Selbst ehemalige Wohnorte lassen sich aus Familiennamen erkennen. So war ein Nischan ein Mann, welcher im Tal oder einer Niederung (niedersorb. nizyna, nizina) wohnte. Unter einem Zernack kann man sich einen Menschen dunklen Hauttyps und schwarzen Haaren vorstellen. Denn dieser Name leitet sich aus dem niedersorbischen cerny für Schwarz ab. Domke führt in seinem Wortstamm das sorbische doma für zu Hause. Also ein Mann mit Haus/Häuschen oder Hütte. Der alte Familienname Laurisch leitet sich aus dem christlichen Taufnamen Laurentius ab. Bezug genommen wurde nur auf Familiennamen, die für Groß Wasserburg nachweisbar sind. Wer die Quellen seine sorbischen Familiennamen näher ergründen möchte, der kann bei WENZEL in dessen Buch „Lausitzer Familiennamen slawischen Ursprungs", erschienen beim Domowina-Verlag Bautzen, nachschlagen[83]. Wie kam es nun aber zu einer solchen slawischen Bevölkerungsentwicklung? Nachdem im Zug der Völkerwanderung die germanischen Siedlungsräume durch die Semnonen verlassen wurden, wanderten sorbische Stammesgruppen aus dem Osten ein. Sie brachten ab dem 6.Jahrhundert auch fortschrittliche landwirtschaftliche Anbaumethoden mit, so u. a. den „Fruchtwechsel" und „Roggenanbau"[84]. Die sesshaft gewordenen Slawen „... beschäftigten sich hauptsächlich mit Ackerbau und Viehzucht. Auch Fischfang, die Zeidlerei (Zeidlerei = veraltet für Bienenzüchterei, Zeideln – Honigwabe ausschneiden) spielten eine Rolle."[85] Am Rand des Unterspreewaldes fanden sie dazu natürliche Voraussetzungen. Die frühen Ortserwähnungen, von Leibsch, Krausnick oder Schlepzig im Jahre 1004 sind dafür Bestätigung. Mehrmals setzten sich die Wenden in den von Deutschen eroberten Ostgebieten zur Wehr. Auch hier ein Zitat von GRUNDLING: „Als Anno 1136 die Wenden in die alte Mark gefallen, welches den großen Krieg verursachet in welchem Albertus Ursus Anno 1137 die Wenden völlig bezwungen. Einige sind längst der Spree verblieben, wie dann die Leibeigenen Einwohner im Lande Beskau und Storkau und Cottbus gutentheils noch Wenden sind, ihre Sprach, Kleider, Sitten und Weise unter sich behalten." ‚Leibeigenen' war hier nicht als ein Besitzanspruch an der Person zu verstehen, es beschreibt vielmehr die Aufgabe ihrer Eigenständigkeit als Volk. Aus heutigem Erkenntnisstand heraus war also das Wendentum mit seinem Niedersorbisch über 800 Jahre um den Unterspreewald und in großen Teilen der Herrschaft Wusterhausen dominant und somit die bestimmende Kultur. Das betraf auch das Zusammenleben mit den deutschen Siedlern/Kolonisten. Selbst im einstigen Stadtnamen Wendisch Buchholz war das erkennbar. Sie waren ja auch die 'Ureinwohner', wenn man so will und der Assimilierungsprozess erfolgte damals meist zulasten der deutschen Einwanderer. In Lübben gab es eine Wendische Kirche, sie wurde im April 1945 zerstört. Der Gottesdienst in beiden Sprachen war selbstverständlich. Erst durch das aktive Zusammenleben der einzelnen Volksgruppen und den landesherrlichen Erlassen in Sachsen und Preußen zur Zurückdrängung der Sorben, besonders der Sprache, löste sich das Wendentum auf. Ein Blick auf die Geschichte verdeutlicht das. Noch zu Beginn des 17.Jahrhunderts, kurz vor dem 30jährigen Krieg, berichtete der Pfarrer Tharaeus von den 'Wenden' unseres Gebietes. Ihm ist es unter anderem zu verdanken, dass Reste der damaligen niedersorbischen Sprache erhalten geblieben sind. 1610 erschien "... ein Werk des Tharaeus, Enchiridion Vandalicum, d. h. Wendischer Katechismus."[86] In dem Vorwort zu diesem Katechismus ist auch ein aufschlussreicher Hinweis zur Verbreitung des 'Wendentums' zu finden. Zitat: "... daß im Jahre 1610 in der Herrschaft Storkow noch etwa 40 wendische Gemeinden ... existierten. Für die in ihnen lebenden Menschen schrieb Tharaeus seinen wendischen Katechismus."[87] Im Jahre 1628 ist jener besagte Tharaeus Pfarrer in Buchholz. Zu seinem Pfarrsprengel gehörte auch die "... Tochtergemeinde Krausnick..."[88] und BOLTE zieht in seinem Artikel den Schluss, dass er dann auch in Krausnick wendisch predigte. Dass er damit durchaus eine richtige Schlussfolgerung gezogen hat, ergibt sich auch aus einer Aussage des Beeskower Pfarrers TREUER. Er führte Orte und Flecken an "... die überhaupt kein Deutsch verstanden, zu denen Krausnick, Köthen, Wasserburg und Leibsch gehörten, ..."[89]. Bestätigung erhält diese Feststellung auch darin, dass in den angrenzenden Besitzungen derer von Langen für die Zeit um 1729/30 noch auf den Gebrauch der wendischen Sprache verwiesen wird, so z. B. in Münchehofe[90]. Friedrich II. sorgte mit seiner Ansiedlungspolitik im Kreis Beeskow-Storkow und somit auch am Unterspreewald für einen kontinuierlichen Bevölkerungsanstieg. Siedler und Kolonisten kamen in dieser Zeit nicht nur aus fernen deutschen Ländern. So siedelten sich besonders in Groß Wasserburg und Krausnick mehrere Sorben aus dem Königreich Sachsen an. Auch sie wurden als Kolonisten in Preußen begrüßt[91], in den Aktenbeständen zu Groß Wasserburg werden sie allerdings nur als Siedler bezeichnet. Hingewiesen sei in diesem Zusammenhang auch auf die typischen Kolonistendörfer Neu Lübbenau und Neu Schadow, mit ihrer nur etwas über 250jährigen Geschichte. Selbst mehrere Jahrhunderte deutsche Siedlungsgeschichte vermochten also nicht das sorbische Volkstum völlig abzuschaffen. REUSCHE schildert ein derartiges Beispiel: "Als am 15. November 1727 Gottfried Lehniger zu einem Katecheten und Schulmeister für das Dorf Leibsch an der Spree bestellt wurde, galt als Erfordernis ..., dass die Stelle mit einem 'solchen Subjekt' zu besetzen sei so der wendischen Sprache kundig ist, ..."[92]. Erst im 18. Jahrhundert setzte eine stärkere Zurückdrängung des Sorbischen ein. So wurde die "wendische Predigt" verboten und Deutsch war später die einzig zugelassene Amtssprache. Anno 1802 musste deshalb ein Dolmetscher anlässlich einer Gerichtsverhandlung beim Amtsgericht in Wendisch Buchholz hinzugezogen werden, weil der vernommene Bauer aus Köthen nur "Wendisch" verstand[93]. So oder ähnlich erging es bestimmt auch manch Einwohner in Krausnick und Groß Wasserburg. Ein weiterer Grund für den Rückgang des sorbischen Volkstums dürfte die dünnere Siedlungsdichte der Sorben in unserem Landstrich gewesen sein. Andererseits haben sich die Kontakte zwischen den Bewohnern der umliegenden Dörfer seit dem 19.Jahrhundert verstärkt. Es gab immer mehr notwendige wirtschaftlich begründete Berührungspunkte im Zusammenleben und Arbeiten der Bauern um den Unterspreewald. Denken wir in diesem Zusammenhang nur an die Koordinierung und Ausführung der Urbarmachung der versumpften Flächen zwischen Groß Wasserburg und Leibsch. Die Linde galt sowohl den alten Germanen und Slawen gleichermaßen als heiliger Baum und wurde immer in Ehren gehalten. Tote hat man mit Lindenholz verbrannt, Kohlereste alter Gräber zeigen dies. Flur-, Orts-, Personennamen und Volkslieder zeugen von der Beliebtheit der Linde. Seit dem frühen Mittelalter ist sie in Europa stark verbreitet. Unter ihr wurden Feste und Trauungen, auch Kontrakte vollzogen. Auf alten Ortssiegeln und Gemeindestempeln ist ein Lindenbaum als Symbol verwendet worden. Siegel und Kopfbogenaufdruck von Groß Wasserburg zeigen eine Linde und weisen auf sorbische Wurzeln hin. Hier ist ein Ortssiegel aus dem Jahre 1948 abgebildet. In Märkisch Buchholz ist auch heute noch das Lindenwappen über dem Eingang des ehemaligen Amtsgerichtes erhalten.

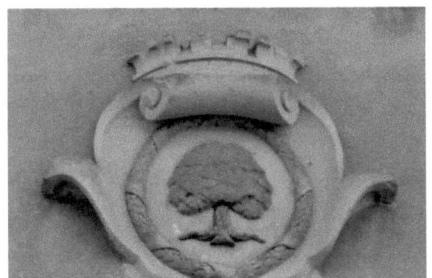 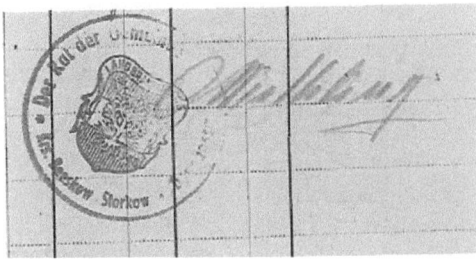

Von den Mädchen und Frauen wurde die niedersorbische Tracht des Unterspreewaldes bis weit in das 19. Jahrhundert hinein getragen und auch in den 50er Jahren des vergangenen Jahrhunderts konnte man mitunter noch ältere Frauen in ihren einfachen Trachtenröcken sehen. Auch hier hat REUSCHE eine Beschreibung festgehalten. "Sie ist ungleich geringer an Kostbarkeiten des Stoffes und auch in den Farben, als die uns bekannten Trachten des Oberspreewaldes. Die Männer genügen sich mit langen, bunt gefütterten Röcken aus Leinen, die mit blanken Knöpfen besetzt sind. Sehr schön ist aber die Frauentracht. Ein schwarzer sehr kurzer Rock, über dem eine schwarze, gekrauste seidene Schürze getragen wurde, ein einfaches Mieder und schwarzes oder buntes Brusttuch, weiße Strümpfe und eine eigenartige Kopfhaube ergeben ein feines Gesamtbild. Die Haube verdient noch besondere Beachtung. In allen Fällen bei alten Frauen und jungen

Mädchen, war sie weiß. Eine steif geplättete weiße Mütze, die mit feiner Spitze besetzt ist, bildete die Grundlage. Um die Mütze wurde ein einfarbiges, sehr großes Tuch höchst kunstvoll Gebunden, daß schließlich auf dem Kopf zwei große prächtige Schleifen stehen, welche aber weicher fallen, als die Hauben der Oberspreewälderin"[94].

Groß Wasserburg - 1912   Groß Wasserburg - 1937   Krausnick 1910

Rudimente der alten wendischen Tracht fanden sich auch noch im 20. Jahrhundert wieder. Vor allem in der Alltagskleidung der Frauen werden sorbisch/wendische Details erkennbar. Auch das sogenannte ‚Schürzeln', also eine Raffung des oberen Teils der Röcke, sowie die aufgenähte Zierborte am unteren Ende des Rockes sind überkommene Trageweisen aus Wendenzeit. Auf den Bildern kann man beides für Krausnick und Groß Wasserburg sehen.
Die Flurnamen stellen ein weiteres Idiom (Spracheigentümlichkeit) der sorbisch wendischen Vergangenheit dar. Im Leben unserer Vorfahren waren sie alltäglich im Gebrauch und werden auch heute wie selbstverständlich angewandt, obwohl deren Bedeutung abhandengekommen ist.
Hier einige Beispiele dafür (ns = Niedersorbisch, dtsch = Deutsch):

Orscht	ns Erhöhung
Niewa	ns fruchtbares Ackerland
Rooch	ns rog =Winkel, Ecke
Wassik	ns wosyk = Gerodetes, Verhau, Hag
Tschellna	ns Kälberflur
Boomwucke	dtsch. Baum & ns Luka (Wiese)=Baumwiese
Pachtborke	dtsch. Pacht & ns bor u. k=klein Kiefernwald
Tschuggar oder Schuggar	ns tsuga = Wassergraben

REUSCHE bemerkt zu diesen Zeugnissen unserer Vergangenheit: "Auch die alten wendischen Flurnamen, fast die einzigen Dokumente des niedersorbischen Storkowschen Dialektes gebraucht er ohne sie deuten zu können"[95]. Aber wer denkt schon an Sorbisch/Wendisch, wenn er umgangssprachlich Bezeichnungen wie Mohnpilchen, Hitsche oder Hutsche, Kamurke, Huppatz (abgeleitet von Wiedehopf, unsauberer Mensch) und Plauze[96] verwendet.

Das Zampern (Zampust) während der Fastnacht, also der maskierte Umzug von Hof zu Hof, hat ebenfalls seinen Ursprung in sorbischen Riten zum Austreiben des Winters und ist wohl sein bekanntestes überkommene Relikt. Hier eine kleine Kostprobe für einen Zamperspruch in 'Wendisch', aus dem 19. Jahrhundert, wie er rund um den Unterspreewald gang und gäbe war:

> "Rase sette cospas
> teiker in ulan
> quinta quotto
> zeschka zukotto kamminee
> bewak berger
> schauka zischa
> quadra krinumene
> e, dobre wokulan!"[97]

Selbst bei Schilderungen der Landschaft um den Unterspreewald wird auf das Wendische hingewiesen. Der Krausnicker Pfarrer Erxleben verweist noch zu Beginn des 20. Jahrhunderts darauf, indem er explizit auf das „schöne Wendendorf Schlepzig" vereist.

Ein weiterer Brauch war noch bis vor ca. vierzig Jahren lebendig. Von den jungen Mädchen des Ortes wurde Osterwasser geholt. Getrunken wurde es weniger, obwohl es als Symbol der Reinheit und Schönheit galt. Getrunken wurde dagegen Wasser, welches aus den Brennereien von Cottbus oder Pretschen stammte.

Vergessen wird häufig, dass auch in der Zeit des Nationalsozialismus keine sorbenfreundliche Atmosphäre herrschte. Damals durchgeführte Volksfeste wie in Burg/Spreewald werden heute noch in dieser Richtung falsch interpretiert. So gab es am 26.04.1937 eine ‚Wendenbesprechung' bei der festgelegt wurde, dass es keine Sorben, sondern nur noch Wenden und die Ober- und Niederlausitz zu geben habe. Ein weiterer Schritt zur Germanisierung war die Anordnung von 26.01.1937 zur Ortsnamenänderung. So wurde aus Wendisch Buchholz das heutige Märkisch Buchholz oder Byhlegure dann Geroburg. Dieser Prozess sollte noch weiter fortgeführt werden. In einer Besprechung bei Himmler am 15.06.1940 sind erste Gedanken zur Umsiedlung in das Generalgouvernement, also Polen, besprochen worden und das Sicherheitshauptamt sprach per 30.05.1940 sogar davon, dass das ‚Wendentum' zu beenden ist[98]. Welche Auswüchse derartige Gedanken bei den Nazis haben konnten, beweisen die Deportationen und Vernichtungen der Juden. Dieser Wille zur völligen

Germanisierung des öffentlichen Lebens war bereits nach der Gründung des Deutschen Kaiserreichs spürbar. So galt Deutsch ab 1873 als alleinige Unterrichtssprache an allen Schulen und ab 1876 als offizielle Amtssprache in Deutschland. Beides wirkte sich auf den sorbischen Bevölkerungsteil restriktiv aus. Nach Ende des II. Weltkrieges gab es teils sehr divergierende Ansatzpunkte in der Sorbenpolitik. Tschechische Einflüsse und eine angebliche Lostrennung von Deutschland führten zu einem noch spürbaren Gegensatz zwischen Ober- und Niederlausitzer Sorben. In der Verfassung der DDR war dann die Nationalität der Sorben verankert. Über die DOMOWINA artikulieren sich die Sorben auch noch in der Gegenwart. Viele Jahre war die Beschriftung auf dem Ortsschild zweisprachig und ist erst mit der Gebietsreform im neuen Jahrtausend (nach der Wende) beseitigt worden. Sorbenpolitik ist ab dem 3. Oktober 1990 wieder Ländersache und wird daher hauptsächlich in den beiden Bundesländern Sachsen und Brandenburg ausgestaltet. Die Gemeinde Krausnick-Groß Wasserburg bekannte sich in 2018 zum sorbisch/wendischen Sprachgebiet. Jetzt soll auf den Ortsschildern wieder schrittweise Zweisprachigkeit eingeführt werden. Die sogenannten "wendischen Zeiten" hallen also auch noch in unserer so geschäftigen Zeit etwas nach.

FLÜCHTLINGE – VERTRIEBENE - UMSIEDLER

Flüchtlinge, Vertriebenen oder Umsiedler aus Pommern, Ostpreußen, Schlesien, Sudeten oder Donauschwaben waren Hitlers letzte Opfer für die wahnwitzige Idee eines „Großdeutschland". Millionen Deutsche verloren Heimat, Besitz oder ihr Leben. Bereits ab 1943 war das Dorf für viele Deutsche aus den bombardierten Städten ein Zufluchtsort. Ein Unterkommen bei Verwandten war da noch eine Selbstverständlichkeit. Je näher die Front im Osten kam, umso mehr kamen Gedanken nach Fluchtmöglichkeiten auf. Soldaten auf Fronturlaub berichteten von Handlungen der Wehrmacht und SS, die bei einigen Menschen Angst und Schrecken vor eventueller Vergeltung auslöste. Also suchte man vermeintliche Sicherheit im deutschen Kerngebiet. Es setzte eine erste Fluchtwelle ein. Erschwerend kam dazu, dass die Nazi-Führung eine unkontrollierte Fluchtbewegung unterbinden wollte. Allerdings wusste sie spätestens seit den Alliierten Konferenzen in Teheran und Jalta, was mit der deutschen Bevölkerung im Osten passieren sollte. Wissentlich kamen deshalb die organisierten staatlichen Fluchtmaßnahmen viel zu spät. Viele Flüchtlingstrecks waren da schon auf dem Weg in Richtung Oder und Neiße. Für die alliierten Flugzeuge ein einfaches Ziel. Nach der „Totalen Kapitulation" Nazi-Deutschlands kam es dann zur gezielten Vertreibung der deutschstämmigen Bevölkerung. Wie kam es eigentlich dazu? Natürlich hatte Nazi-Deutschland Krieg und Verderben über viele Völker in Europa gebracht. Letztendlich war aber auch das deutsche Volk in seiner Gesamtheit Verlierer, und das sollte es nach dem Willen der Siegermächte auch spüren. Im November 1944 ließ Churchill der polnischen Exilregierung in London mitteilen, ihrem Ersuchen wird wie folgt stattgegeben: „… daß die Regierung Großbritanniens für die Verlegung der polnischen Grenze an die Oder-Neiße-Linie, unter Einbeziehung des Hafens Stettin, ist." Großbritannien und die Sowjetunion gaben dafür eine Garantieerklärung ab. Die USA stimmten dem nur zögerlich zu und wollten eine Entscheidung erst nach dem Krieg treffen. Diese Entscheidung viel im August 1945 auf der Potsdamer Konferenz. Zitat: „… daß die Überführung der deutschen Bevölkerung oder Bestandteile derselben, die in Polen, Tschechoslowakei und Ungarn zurückgeblieben sind, nach Deutschland erfolgen muß."[99] Jetzt begann die umfassende Umsiedlung und die Vertriebenenkolonnen wurden in das Restdeutschland getrieben. Dazu kam, dass Stalin die Polen aus ihren angestammten Wohngebieten in der Ukraine und Weißrussland vertreiben lies. Ihre Ansiedlung erfolgte meist in den von Deutschen entvölkerten Orten. Ostpreußen, um Königsberg viel an die Sowjetunion, und ist bis in die Gegenwart eine russische Enklave an der Ostsee. In den Jahren bis 1949 hingen viele Vertriebene einem Wunsch nach Rückkehr in ihre alte Heimat nach. Karten, wie die vom COLUMBUS-Verlag aus dem Jahre 1948, bestärkten sie darin.

So wurde der endgültige Status der ehemals deutschen Ostgebiete mit Formulierungen wie „unter poln. Verwaltung" zumindest verschleiert und unbegründete Hoffnungen am Leben erhalten. Das blieb für die alte BRD bis nach dem Beitritt der DDR so. Ein völkerrechtlich unhaltbarer Zustand, ungeachtet der Tatsache, dass bereits am 6. Juni 1950 durch die DDR in der Warschauer „Deklaration über die Markierung der deutsch-polnischen Staatsgrenze" die Oder-Neiße-Grenze anerkannt wurde. Natürlich war diese einseitige Grenzanerkennung durch die DDR nicht umsonst zu haben. Der Bevölkerung, insbesondere den Vertriebenen, musste deshalb ein kleines Zugeständnis erbracht werden. Es war die „Herabsetzung der Reparationsverpflichtungen" um die Hälfte und deren Rückzahlung auf 15 Jahre gestreckt[100]. Soviel zur historischen Einordnung der heutigen deutschen Ostgrenze an Oder und Neisse.

Wie sah die so entstandene Situation in den Dörfern rund um den Unterspreewald aus? Erstens gab es in der DDR keine Flüchtlinge und Vertriebene mehr, sie wurden über Nacht zu UMSIEDLERN. Das war der verwaltungsrechtliche Terminus in der SBZ und späterer DDR für alle Flüchtlinge/Vertriebene. Als wenn diese Millionen freiwillig ihre Heimat verlassen hätten. Zweitens erreichten die Bevölkerungszahlen in den Dörfern bisher und zukünftig nie erreichte Größenordnung. Per 31. Dezember 1948 waren es immerhin 326 gemeldete Einwohner für Groß Wasserburg. Einige von ihnen blieben für immer hier. Auch in Groß Wasserburg widerspiegelte sich so ein Stück deutscher Geschichte. Es ist dem damaligen Bürgermeister Willy Miethling und Schulleiter Grünherz zu danken, dass sie zumindest einen Teil dieser Menschen dem namenlosen Dunkel der Wirren der Nachkriegszeit entrissen haben. Insgesamt hat der Bürgermeister 104 und der Schulleiter 51 Personen so dokumentarisch festgehalten. Ihre Niederschriften erfolgten in einem alten Einnahmetagebuch der Gemeinde für das Rechnungsjahr 1938 unter der Überschrift UMSIEDLER und der Kladde „Schulversäumnisse". Warum sie diese Niederschrift allerdings tätigte, ist heute nicht mehr nachvollziehbar. Obwohl es ein Meldebuch für die Wohnbevölkerung in Groß Wasserburg gab, erfolgte darin jedenfalls keine Erfassung dieses Personenkreises. Wichtig ist, es gibt sie und macht Menschenschicksale, die über einen längeren Zeitraum im Dorf lebten, zumindest punktuell sichtbar. Ein genaues Erfassungsdatum ist nicht festgehalten. Allerdings schildert eine Frau, dass sie noch 1946 mit ihrer Tochter[101] im alten Schulgebäude wohnte, aber dann nach Krausnick verzogen war. Über ein Viertel der Vertriebenen/Umsiedler waren Kinder und ein Fünftel älter als 60 Jahre. Als relativ geschlossene Familienverbände waren nur fünf zu verzeichnen. Unter relativ ist das Fehl des Hauternährers zu verstehen, diese waren gefallen oder befanden sich noch in Kriegsgefangenschaft. Meist sind das deshalb Oma und Opa mit ihren erwachsenen Kindern / Schwiegertöchter nebst deren Kindern gewesen. Erstaunlich ist in diesem Zusammenhang auch, dass noch ca. 30 Prozent als alleinstehend bzw. Familien ohne Kinder Erwähnung fanden. Dieser hohe Anteil ist mit Sicherheit auf die Umstände der Vertreibung aus ihren Herkunftsorten sowie auf die kriegsbedingte Zersplitterung der Flüchtlingstrecks zurückzuführen. Von den 104 Personen stammten nur 13 aus Gebieten des jetzigen Deutschland, besonders aus Berlin und Greifswald. Sie stellten sich als Folge der Bombardierungen deutscher

Städte durch die Alliierten dar. Wissenswertes zur Herkunft der Vertriebenen vermitteln uns auch die angegebenen Orte. In Auswertung der erwähnten Niederschriften ließen sich so alle Orte, Geburts- und ehemalige Wohnorte erfassen. Dadurch werden auch einstige ostdeutsche Provinzen und Landstriche wie Ostpreußen, Schlesien oder die Neumark deutlich.

Beuthen
Brankow
Crolowstrand
Friedenshütte O/Schl.
Gollin – Telplin
Groß Thorsdorf
Güsitz
Jannewitz
Langenbielau
Lichtenberg
Niedergrund
Obergrund
Pillau
Roden
Sakrau – Turawa
Stettin
Thiemendorf
Tschausdorf
Wutha
Angerburg
Schönfließ

Bollenstein
Breslau
Felgentreu
Gloddow
Groß Steindorf
Großblatzen
Herbersdorf
Königshütte
Lasswitz
Marienthal
Niederlichtenwalde
Obernigk
Posen
Saagen
Schönborn
Stradannen
Treppeln
Wendrin O/Schl.
Karlshausen
Züllichau
Posen

Aus den Unterlagen sind zwei Wellen von Vertriebenen erkennbar. Im Jahre 1945 zog eine Erste und dann nochmals in den Jahren 1947/48 eine zweite Welle durch die Dörfer. Es deckt sich auch mit den Maßnahmen der organisierten Vertreibung durch die Sowjetunion und dann später Polens. Aus heutiger Sicht wissen wir, Stalin schuf Fakten, die teils durch die Festlegungen von Teheran, Jalta und Potsdam gedeckt waren. Die Westalliierten intervenierten zu spät oder überhaupt nicht. Ihr Einverständnis gaben sie allerdings zur Ansiedlung der aus der Ukraine vertrieben Polen in den ehemaligen deutschen Ostgebieten. Vertreibung der Polen war gleichermaßen Unrecht, an das heute keiner mehr erinnert werden möchte. Trotzdem, Stalin schaffte es, wenn auch durch eine im höchsten Grad verwerfliche Handlungsweise, dass er sich sowohl in Absprache mit Hitler als auch später mit den USA und Großbritannien die Staaten des Baltikums und weite Gebiete Ostpolens durch Annexion für seinen Machtbereich sichern konnte. Diese Bemerkung soll vordergründig nur dem Verständnis geschichtlicher Zusammenhänge dienen und in keiner Weise Ansprüche bzw. Revisionsforderungen legitimieren. Letztendlich hatte Nazi-Deutschland den Krieg angefangen und dann verloren. Wer verliert bezahlt die Zeche, das war und ist immer so geblieben.

Auf die damalige Gemeindeverwaltung kam eine gewaltige Aufgabe zu. Diese Menschen mussten, auch wenn es nur vorübergehend war, auf irgendeine Art und Weise verpflegt und beherbergt werden. So kam es zu regelrechten Zuweisungen, vielfach auch gegen den Willen der Grundstückseigentümer. Räume die als Unterkunft dienen konnten waren das Auswahlkriterium. Wichtig, alle Flüchtlinge bekamen ein Dach über dem Kopf und etwas zum Essen. So lebten dann im damaligen Haus Dorfstraße Nr.43, heute Nummer 4, allein 10 Erwachsene, davon ein älteres Ehepaar und eine Mutter mit ihrem Sohn aus Schlesien. Wenn man bedenkt, dass dieses Wohnhaus damals nur über 3 Zimmer mit Küche verfügte, wird die räumliche Situation in ihrer Enge deutlich. Auch in mehreren Ausgedingewohnungen lebten Vertriebenenfamilien,

z. B. auf dem Grundstück der ehemaligen Fleischerei (Nr. 10). Auf dem heutigen Grundstück Dorfstraße Nr.3 wurden die Kellerräume und die Hausmeisterwohnung in Beschlag genommen. Im alten Schulgebäude waren ebenfalls alle Räume durch vier Familien[102] belegt. Auf dem Forsthof sind Familien im Nebengebäude, direkt unter dem nicht ausgebauten Dach einquartiert gewesen. Dieses Gebäude ist auf dem folgenden Foto zu sehen.

Selbstredend waren auch alle Fremdenzimmer über dem Saal des Gasthofes von Müllers mit Flüchtlingen belegt. Weitere Zuweisungen erfolgten nachweislich für die Grundstücke Nummer 6, 9, 13 und 33. Neben der wohnungsmäßigen Versorgung galt es auch, die schulfähigen Kinder in den Unterricht an der Dorfschule einzugliedern. Aus der Kladde[103] „Schulversäumnisse" ist die Beschulung von 35 Kindern für den Zeitraum Juli 1945 bis September 1946 nachgewiesen. Für einen Großteil der Familien der ersten Flüchtlingswelle war Groß Wasserburg nur eine Zwischenstation ihrer Flucht. Beweis dafür ist, dass nur für fünf Schüler ein längerer Verbleib im Dorf bis nach 1949 dokumentarisch nachweisbar ist. Erst mit der zweiten Flüchtlingswelle sollte sich das ändern. So erfolgte eine amtliche Erfassung für die im Jahr 1949 ausgegebenen DDR-Personalausweise. 71 erwachsene Umsiedler/Vertriebene mit ihren 18 Kindern wohnten damals noch im Dorf. Aber auch das ist zu erwähnen: Anfangs waren die Flüchtlinge nicht sehr willkommen, stellten sie doch eine zusätzliche Belastung für die Alteingesessenen und ihr dörfliches Leben dar. Als Hilfen auf den Feldern der Bauernwirtschaften waren sie jedoch allemal willkommen. Im LUMA-Werk fanden sie einen Chef vor, der ihr Wissen, Können und Arbeitsbereitschaft zu schätzen wusste. Auf Belegschaftsfotos dieser Zeit sind mindestens zehn „Umsiedler" zu erkennen. Heute gehören jedenfalls etliche fest zur Dorfgemeinschaft und haben sich durch harte Arbeit ein neues Stück Heimat geschaffen. Den damaligen Kindern und Jugendlichen fiel dieser Anpassungsprozess sicher leichter als manch Alten. Aus der Erfahrung des Leides heraus engagierten sich auch einige Vertriebene in der Gesellschaft der DDR, immer unter dem Leitsatz: „Nie wieder Krieg und Vertreibung". Einem Engagement in zugelassenen Parteien, in staatlichen Funktionen oder der NVA standen sie jedenfalls nicht ablehnend gegenüber. In ortsansässige Familien heirateten 7 junge Vertriebene/Ausgebombte und zwei in benachbarte Orte ein. Vier Vertriebene erwarben später Grundstücke im Dorf. All das trug zu einer sich beschleunigenden Integration bei. Positiv wirkte sich weiterhin aus, dass es keine sprachliche Barriere gab, für alle war Deutsch die Muttersprache. Ihr unbeugsamer Arbeitswille, ihre Bereitschaft sich in die örtlichen Gegebenheiten einzuleben, war aber auch eine weitere wichtige Voraussetzung. So haben viele der Vertriebenen ein Stück ihres Selbstwertgefühls wieder zurückgewonnen und werden noch heute von den Einwohnern geachtet und in positiver Erinnerung gehalten. Frau Martha Groth – die gute Seele des Friedhofs und der öffentlichen Grünanlagen, Frau Reinke - als Köchin im Kindergarten, Berta Röbisch – als Schneiderin oder Herr Gerhard Blümel – als Vorarbeiter im LUMA-Werk und sein aktives Wirken in der Freiwilligen Feuerwehr sollen beispielgebend benannt werden.

In der alten Bundesrepublik konnten die Vertriebenen einen Antrag auf Lastenausgleich stellen. Das bedeutete eine Starthilfe für ihren Neubeginn. 50 Prozent der in den alten Bundesländern angesiedelten Vertriebenen stellten einen solchen Antrag und erhielten für ihre glaubhaft gemachten Ansprüche auf 100.000 RM einen Lastenausgleich von 13.000 DM. Erst nach der Wende eröffnete sich für die ehemals Vertriebenen in der DDR die Möglichkeit, einen Antrag auf Entschädigung zu stellen. Auch in Dorf sind derartige Anträge gestellt worden. Ihre Glaubwürdigkeit bestätigte die damalige Bürgermeisterin oder noch lebende sehr nahe Verwandte. Abschließend einige Zahlen, die diesen gesellschaftlichen Umwälzungsprozess verdeutlichen. Alle Tabellen sind durch den Verfasser zusammengestellt worden und basieren auf der Niederschrift vom Bürgermeister Miethling[104].

Tabelle 1: Personenstruktur

Personen		dv. älter als 60 Jahre		dv. Kinder	
männl.	weibl.	männl.	weibl.	männl.	weibl.
45	59	9	13	14	11

Tabelle 2: Familienstruktur

Alleinstehend	Familie ohne Kinder	Familie mit Kindern	
20	9	16	
		dv. Vater & Kind	dv. Mutter & Kind
		1	8

Interessant ist dabei, dass nur sehr wenig größere Familienverbände im Dorf erfasst wurden. Es war je eine Familie mit 8, 7 und 6 Personen. Diese Familien waren jeweils nur unter einem Namen eingetragen. Die Altersstruktur lässt erkennen, dass es sich meist um ältere Paare mit ihren Töchtern/Schwiegertöchtern und deren Kinder handelte.

Ein paar abschließende Bemerkungen seien in diesem Zusammenhang gestattet. Der politische Druck aus Moskau, Warschau und Prag auf die DDR unterband eine objektive Aufarbeitung dieses Teils der deutschen und europäischen Geschichte. Nach der Wende 1989 sind Interpretationsbestrebungen der USA und Großbritannien hinzugekommen, um ihr einstiges Versagen zu deckeln und die deutsche Einheit nicht zu gefährden. Erst jetzt war auch die Bundesregierung bereit die Oder-Neiße-Grenze völkerrechtlich anzuerkennen. Ohne eine solche Anerkennung war die Befürwortung der deutschen Einheit durch Polen und Tschechien nicht zu bekommen. Völkerrechtlich war das ein längst überfälliger Schritt.
Vielfach werden diese Leistungen in einer schwierigen Zeit zu einseitig dargestellt. Solidarität mit den Vertriebenen geübt zu haben wurde anscheinend nur durch die Menschen in den alten Bundesländern ausgeübt. Aus diesem Grund ist eine Auf- und Einarbeitung in die Ortsgeschichte des Ortes wichtig. Hier sollen Leistungen unserer aller Großeltern und Eltern, egal ob Einwohner oder Vertriebene, gewürdigt werden.

Die Schule

DAS PREUSSISCHE SCHULWESEN

Erst 1815 kamen die einst sächsischen Orte des Amtes Unterspreewald zu Preußen. Die Orte Krausnick, Groß Wasserburg, Leibsch, Neu Lübbenau, Hohenbrück-Neu Schadow, Alt Schadow und Neuendorf am See gehörten aber schon immer zu Preußen / Provinz Brandenburg. Beispielgebend wird deshalb auf die einst preußischen Dörfer Krausnick und Groß Wasserburg eingegangen.
Schule bedeutet immer Bildung und stellt einen Gradmesser für die Fortschrittlichkeit einer Gesellschaft dar. Gerade auf dem Lande war Bildung nicht immer ein Erfordernis und ist häufig unterschätzt worden. Verbesserung der Chancengleichheit bei der Wissensaneignung für alle Kinder ist trotzdem Voraussetzung für den Fortbestand einer Gesellschaft. Bisher konnte das aber in keiner Gesellschaftsordnung optimal realisiert werden. Wie sah es in Preußen mit der Schulpflicht aus? Am 28. September 1717 erließ Friedrich Wilhelm I. das „Schuledikt", welches aber noch nicht die Schulpflicht, sondern nur eine Unterrichtspflicht beinhaltete. Die konnte in sehr unterschiedlichen Formen wahrgenommen werden, entweder in staatlichen, privaten oder kirchlichen Schulen aber auch in Form eines Hausunterrichts erfolgen. Zumal diese Unterrichtspflicht nur auf den königlichen Domänen und nur dort, wo eine Schule vorhanden galt, war schon deshalb ein flächendeckender Unterricht nicht möglich. Schul-

pflicht bedeutet, dass das Bildungsmonopol durch den Staat festgeschrieben wird und das betrachtete man kritisch. Also Unterrichtspflicht ist nicht gleichzusetzen mit Schulpflicht. Das blieb bis 1919 in Deutschland so. Auf dem platten Land waren selbst minimale Anforderungen bei der Durchsetzung der Unterrichtspflicht nicht gesichert. So besuchte kurz nach 1800 nur die Hälfte der unterrichtspflichtigen Kinder eine Schule. Es fehlte vor allem an Schulgebäuden und Lehrern. Bildungsmonopol und Schulaufsicht lagen in den Händen der Kirchen. So unterrichtete der Küster, wie in Krausnick oder Leibsch, die Kinder mit dem Ziel, dass sie wenigstens etwas im Katechismus lesen konnten. Das Schulgeld war meist in Naturalien aufzubringen, und selbst das konnten die Eltern nur schwerlich aufbringen. Es reichte sicherlich nicht aus, um den Lebensunterhalt eines Schulhalters und seiner Familie zu sichern. Handwerker und entlassene Soldaten hat man deshalb regelrecht zu einer Lehrtätigkeit verpflichtet. In der „Churmärkischen Consistorial-Ordnung"[105] unter dem 10 November 1722 von Berlin ist aus der Verordnung zu entnehmen: „Zu Küstern und Schulmeistern auf dem platten Lande sollen außer Schneidern, Leinwebern, Schmieden, Rademachern und Zimmerleuten hinfort sonst keine andere Handwerker angenommen werden." Ein klein wenig Kenntnis in Lesen, Schreiben und Rechnen reichte dafür schon aus und so kam es auch dazu, daß in den Dörfern des Unterspreewaldes meist Handwerker als erste Schulhalter benannt werden. Der Schneider Martin Christian Radochlai übte neben seinem Handwerk das „Amt des Schulmeisters und Küsters aus. Er soll der 1. Krausnicker Lehrer gewesen sein."[106] Auch in Groß Wasserburg übte Schneidermeister Wunderlich[107] eine solche Lehrtätigkeit aus. Friedrich der Große verabschiedete am 12. August 1763 das „Generallandschulreglement". Trotzdem blieb es in den Dörfern dabei, die Kinder halfen zu forderst auf den Feldern und in den Ställen. Obwohl das Reglement einen regelmäßigen Unterricht von je drei Stunden vor- und nachmittags vorsah, erfolgte dieser, wenn überhaupt, nach dem sonntäglichen Gottesdienst oder nur im Winterhalbjahr. Das unter diesen Bedingungen der Kenntnisstand nicht allzu hoch war wird an der Unterschriftsleistung bei den Rezessen im Rahmen der Separation deutlich. In Groß Wasserburg haben über die Hälfte der Büdner nur mit den berühmten „Drei Kreuzen"[108] unterschrieben. Das dürfte in den Nachbarorten nicht anders gewesen sein. Erst nach 1817 gab es Lehrerseminare und die Titulierung als Lehrer. Bis dahin gab es den sogenannten Schulhalter oder –mann. Schon vorher, bis 1811 ist in Preußen die Trennung Küster gleich Lehrer / Schulhalter vollzogen worden. Deren Durchsetzung hatte allerdings nur mäßigen Erfolg, denn nach wie vor übten die meisten Schulhalter neben ihrer Lehrtätigkeit auch weiterhin das kirchliche Amt des Küsters aus.

Das gesamte Bildungswesen in Preußen blieb ein ständisches und stufte so auch die Schulen nach niederen und höheren Bildungsgängen ein. Die einklassigen Volksschulen in den Dörfern um den Unterspreewald gehörten zu den „niederen". Erst nachdem Preußen 1839 die Arbeit von Kindern unter dem neunten Lebensjahr verboten hat, kam es zu einer zahlenmäßigen Veränderung[109] Anhebung des Schulbesuchs. 1846 lag die Schulbesuchsquote deshalb schon über 80 Prozent. Lehrbücher, wie wir sie heute kennen, waren für den Unterricht an diesen Elementarschulen nicht unbedingt erforderlich. Es genügte meist der gedruckte Katechismus oder ein frommes Liederbuch, wie das abgebildete. Ob allerdings der Schüler Christian Bartel die hiesige Schule besuchte ist nicht belegt. Das alte Buch[110] ist jedoch bei Sanierungsarbeiten auf dem Dachboden der Groß Wasserburger Schule gefunden worden.

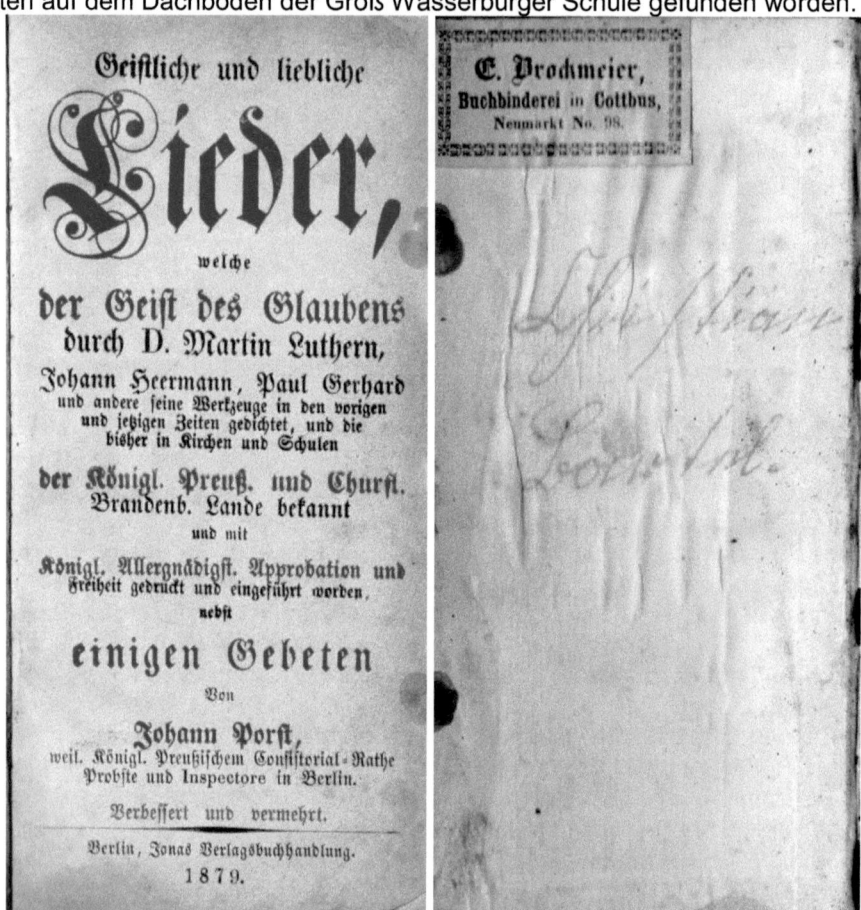

Betrachtet man die damaligen räumlichen Verhältnisse, gaben auch sie wenig Anlass für eine effektive Wissensvermittlung. Daher mussten zuerst einmal Schulgebäude errichtet werden. Es waren meist einfache Fachwerkhäuser, der neben dem Schulraum noch eine kleine Lehrerwohnung vorhielt. Die Schulaufsicht oblag dem zuständigen Pfarrer und nicht der Gemeindeverwaltung, obwohl diese für den Schulhausbau verantwortlich war. In einem Schriftstück der Königlichen Regierung, Abt. f. Kirchen- und Schulwesen vom 7. Nov. 1904 wird „… die Ortsschulaufsicht über die Schulen in Krausnick und Groß Wasserburg …"[111] dem Pastor Erxleben in Krausnick übertragen. Vorher war es „Pastor Schmolinsky in Krausnick" der als „Orts-Schulinspektor"[112] fungierte. Interessant ist in diesem Zusammenhang, dass sich die Schulbehörden nicht mit den staatlichen Kreisen deckten. Obwohl alle vier Gemeinden des Amtes Krausnick dem Kreis Beeskow-Storkow angehörten, war die Kreisschulinspektion bis 1919 in Königs Wusterhausen und daran anschließend die „Schulaufsichtsbehörde" in Eichwalde[113] angesiedelt. Die Erziehung zum Gehorsam erfolgte auch mit recht drakonischen Maßnahmen, so hatten die Lehrer das Recht zur körperlichen Züchtigung. Für das Schuljahr 1900 sollen vollzogenen körperlichen Züchtigungen beispielgebend benannt werden. So hat der Groß Wasserburger Lehrer Dettweiler[114] mehrere Krausnicker Schüler mit „Hiebe" bestraft. Unter Hiebe waren Rohrstockschläge zu verstehen. Als Begründung für solche Strafen führte er an, Zitate[115]: „Hat seine Schularbeiten nicht gemacht", „Hat böswillig seine Arbeit nicht gemacht" oder „Ist wiederholt schmutzig zur Schule gekommen". Nach der Abdankung des deutschen Kaisers und der Ausrufung der Republik wurde in der „Weimarer Reichsverfassung vom 11. August 1919"[116] das deutsche Schulwesen unter die Aufsicht des Staates gestellt. Das „Reichsgrundschulgesetz" von 1920 machte den Besuch einer öffentlichen Grundschule für vier Jahre zur Pflicht, daran anschließend griffen wieder die unterschiedlichen Schulformen. Solche Grundschulen gibt es bekanntermaßen auch heute noch in Deutschland. Nach der nationalsozialistischen Machtergreifung war das gesamte Schulwesen ideologisch überformt. War bisher ein Lehrer der Schulverbandsvorsteher, übernahmen ab 1935 die jeweiligen Bürgermeister diese Funktion und die wurden ja von der NSDAP berufen. Entsprechende Unterlagen der Gemeinden Krausnick, Groß Wasserburg und Leibsch bestätigen das. Das wird auch im „Reichsschulpflichtgesetz vom 6. Juli 1938" deutlich, wenn es dort heißt: „Im Deutschen Reich besteht allgemeine Schulpflicht. Sie sichert die Erziehung und Unterweisung der deutschen Jugend im Geiste des Nationalsozialismus." Nach Ende des II. Weltkrieges drängten deshalb die Alliierten auf Reformen im deutschen Bildungswesen. Es blieb bei einer halbherzigen Herangehensweise und wurde von Besatzungsmacht zu Besatzungsmacht recht unterschiedlich interpretiert. So wird in der sowjetischen Besatzungszone 1946 die „Einheitsschule" nach sowjetischem Vorbild eingeführt und in den westlichen Besatzungszonen blieb es beim dreigliedrigen Schulsystem.

Abschließend eine Bemerkung zur heutigen Beschulung: Wer sich etwas tiefer mit dem Bildungssystem befasst wird unweigerlich viel altes preußisches Gedankengut und Schulstrukturen erkennen, so z. B. die Grundschulen, mehrstufige Bildungseinrichtungen, private Schulen oder Gymnasien. Also Preußen, obwohl staatsrechtlich nicht mehr vorhanden, lebt immer noch weiter fort.

Nach diesem geschichtlichen Exkurs zurück zur einklassigen Dorfschule.

DIE SCHULE IN GROSS WASSERBURG

Mit dem Wort Schule verbinden wir immer einen gewissen Zeitabschnitt unseres eigenen Lebens. Schule wird von der herrschenden Gesellschaft geprägt und so ändern sich Lehrformen, Unterrichtsinhalte und damit selbstredend die Anforderungen an die Schüler. Häufig sind es meist Lehrer, die in der Erinnerung bestand haben. Vor allem an solch kleinen Schulen, und zu denen gehörte auch die in Groß Wasserburg, waren sie es, die ganze Generationen erzogen. Deshalb ist ein Blick in die örtliche Schulgeschichte auch immer ein Blick auf das Leben im Dorf.

Unterlagen[117] im Landeshauptarchiv Potsdam belegen, seit 1805 sind Kinder in Groß Wasserburg von einem Schulhalter unterrichtet worden. Ein Schulgebäude war allerdings noch nicht vorhanden, denn der Unterricht hat zunächst bei einem Büdner/Handwerker stattgefunden. Natürlich mussten dafür die entsprechenden Räumlichkeiten vorhanden sein. Ein Wohnraum/Werkstatt oder auch nur die Tenne reichten anfangs dafür sicherlich aus. Das war für viele Dörfer des Unterspreewaldes typisch. Also werfen wir einen Blick auf die knapp 150jährige Geschichte der Groß Wasserburger Schule.

DAS SCHULGEBÄUDE

Wie wir gesehen haben, ist die Bevölkerungsentwicklung im Dorf seit Beginn des 19.Jahrhunderts auf gutem Wege. Die Geburten stiegen und damit auch die Einschulungen. Noch, bis weit in die 60er Jahre des 20. Jahrhunderts war, eine hohe Geburtenrate für das Dorf kennzeichnend. Bezogen auf das Verhältnis Einwohner und Kinder, war der Ort für einen gewissen Zeitraum das kinderreichste Dorf der DDR. Dies als kleiner demografischer Vorgriff auf die jüngere Vergangenheit.

Es war also ein Schulgebäude und ein Lehrer erforderlich. Trotzdem konnte erst um die Mitte des 19. Jahrhunderts mit einem derartigen Vorhaben begonnen werden. Zum Schulbau gibt es unterschiedliche Daten bzgl. des Baujahres. In der Chronik des Schulaufsichtsbezirkes Beeskow von 1943 nennt man das Jahr 1847. Wohingegen andere Unterlagen diesen Bau erst 1868 einordnen. Richtig ist, dass am 20. April 1846 insgesamt 90 Quadratruten aus der königlichen Forstverwaltung als Ort für die Schule bereitgestellt wurden und im gleichen Jahr diese Landübergabe an die Gemeinde erfolgte[118]. Warum sollte dann kein Schulgebäude errichtet worden sein und die Fläche 22 Jahre ungenutzt bleiben, zumal diese „nur der Allerhöchsten Bestimmung gemäß zu verwenden"[119] sei, also dem Bau einer Schule. Wichtig ist deshalb festzuhalten, ein Schulgebäude wurde errichtet. Es war ein einfaches Fachwerkhaus "... mit recht schwachen Wänden ..."[120] und verfügte neben der Lehrerwohnung über einen einzigen Schulraum. Oder war es nur des Lehrers Wohnzimmer, wir wissen es nicht. Wichtig, er unterrichtet die Kinder des Dorfes. Nochmals zurück zum Schulhausbau. Wenn von 1810 bis 1819 der Schullehrer Klee die Kinder unterrichtete, er aber kein eigenes Grundstück im Vorwerk besaß, dann muss es bereits schon zu dieser Zeit ein Schulgebäude gegeben haben. Wie üblich wird es ein niedriges und mit Roggenstroh gedecktes Fachwerkhaus gewesen sein. Wer annimmt, dass ein Lehrer als Staatsbediensteter ein hohes Gehalt bezog, liegt falsch. Der Lehrer Loechert hatte 1888 ein Jahresgehalt[121] von 840 Mark. Interessant, die Gemeinde stritt sich noch lange um die zu nutzenden Flächen. Es ging dabei um eine Flächenbeanspruchung rund um das Schulgebäude. Dieses Ersuchen wurde seitens des Landrates im Jahre 1913 wie folgt abgelehnt: "Auf Grund der Allerhöchsten Ordre vom 20. April 1846 ist die Forstparzelle von 90 □R zur Benutzung als Baustelle für eine Schule überwiesen worden. 90 □R sind ausweislich der Verhandlung vom 23. Oktober 1846 auch nur der Gemeinde durch den Oberförster Ising übergeben worden; die Gemeinde hat durch Verhandlung diese Übergabe anerkannt und versprochen, die 'nur der Allerhöchsten Bestimmung gemäß zu verwenden"[122]. Auf diesen klaren Bescheid wartete die Gemeinde fast 20 Jahre. Also, schon damals waren Beamte nicht gerade die schnellsten Diener ihres Staates und Königs. Die Raumsituation im Schulgebäude war sehr beengt und der Unterricht ist deshalb nach Altersstufen getrennt über den gesamten Tag verteilt gewesen. Erst mit dem Schulneubau von 1906 und seiner räumlichen Erweiterung in 1911 konnte diese äußerst beengte Situation etwas aufgelockert werden.

Die Schule ca. 1930

Der Neubau verfügte ebenfalls über nur einen Schulraum. Dieser war aber bedeutend größer und bot somit für Schüler und Lehrer mehr Platz.
Auf dem Schulgelände war auch in den Folgejahren eine rege Bautätigkeit festzustellen. Später erfolgte die Schließung des offenen Eingangsbereiches zum Klassenraum. Auf alten Fotos ist dieser Bogen noch vorhanden. So wurde 1927 das alte Stallgebäude durch ein neues ersetzt. 1938 erfolgte der Anbau einer sogenannten "... Berufsschulküche ..."[123] Zur Erweiterung der Spielfläche für die Kinder des Kindergartens wurde die alte Fachwerkscheune in den 1980er Jahren mithilfe der Kameraden der Freiwilligen Feuerwehr abgerissen. Sie war die letzte Lehmfachwerkscheune des Ortes. Ihre Pfosten waren morsch, der Mauerbalken von Braunfäule zerstört und das Lehmgefache teilweise ausgebrochen. Auch der Glockenstuhl trug schwer an seiner Last und ächzte bei jedem Glockenschlag. Vormals befand sich der Glockenstuhl am Giebel des neuen Schulgebäudes, jetzt stand er auf dem Schulhof, an die alte Scheune angelehnt. Diese Umsetzung hatte auch etwas mit der Schaffung des Weg-

es zu den angrenzenden Grundstücken zu tun. Glockenstuhl samt Glocke wurde auf Betreiben des damaligen Rates der Gemeinde in den 1980er Jahren neben der Feierhalle auf dem Friedhof neu errichtet. Sie läutete zum Schulbeginn, erklang bei Beerdigungen und schlug Alarm, wenn der 'Rote Hahn' im Dorf oder Wald umging. Entsprechend ihrer unterschiedlichen Funktionen war und ist sie bis heute Gemeindeeigentum geblieben. Im Schulraum fanden auch die sonntäglichen Gottesdienste statt. Bei Renovierungsarbeiten im Jahre 1982 kam unter dem alten Farbanstrich auf der Längswand folgendes Lutherzitat zum Vorschein: "Eine feste Burg ist unser Gott". Der berühmt gewordene Liedsatz von Lukas Osiander aus dem Jahr 1586 ließ es zur protestantischen Kirchenhymne werden. Anilinfarbe machte seinen langen Erhalt möglich.

Die ehemaligen Schulgebäude mit Stand von 1982, als Kindergarten und Rat der Gemeinde

Das Gebäude im Jahre 2003 als Gemeindeverwaltung und Wohnhaus

DER SCHULBETRIEB

Auch das Schulwesen in unserem Ort dokumentiert die rasante Entwicklung der letzten zwei Jahrhunderte. Das Schulwesen musste sich immer mehr wirtschaftlichen Erfordernissen stellen. Ein gerütteltes Maß an Bildung war und ist daher schon gefragt. Eine einklassige Dorfschule mit dem Abschluss der 8.Klasse reichte dazu schon bald nicht mehr. Doch gehen wir etwas der Reihe nach.

Die ersten Siedler kamen Mitte des 18. Jahrhunderts mit ihren Kindern in der Ortsgemarkung an. Teils stammten sie aus der angrenzenden sorbischen Niederlausitz oder anderen deutschen Kleinstaaten. Ob zu dieser Zeit überhaupt eine Art von Schule im Ort bestanden hat, ist doch mit Recht anzuzweifeln. In welcher Sprache sollte dann der Unterricht erfolgen in Sorbisch oder Deutsch. Den Siedlern dürfte das egal gewesen sein, sie hatten schon genug mit der Landgewinnung durch Trockenlegung und der Kultivierung des sandigen Bodens zu tun. Da blieb Schule außen vor. Obwohl im Nachbarort Leibsch der Küster Sorbisch beherrschen musste, blieb es auch dort meist beim Vorlesen aus dem sorbischen Katechismus, den der Buchholzer Pfarrers Tharaeus geschrieben hatte. Dazu kam, der preußische Staat legte viel Wert darauf, dass die sorbische Sprache zurückgedrängt wird. So gestattete die Schulaufsichtsbehörde die Verwendung des Sorbischen nur bis zur vierten Klasse. In den folgenden Schuljahren war Deutsch Unterrichtssprache. Was heißt hier schon ‚folgende Schuljahre'. Die Büdner und Siedler im Dorf waren an die Scholle gebunden und da waren bestimmt vier Schuljahre genug. Das kleine Einmaleins und den eigenen Namen zu schreiben reichte dann schon aus. Aber selbst diese geringen Kenntnisse waren zur damaligen Zeit schon viel, wo Analphabetismus für die Mehrheit der Menschen in den deutschen Landen etwas Alltägliches war. Auch in hiesigen Dorf taten sich besonders die Männer mit dem Schreiben schwer. Unsere Vorfahren betrachteten Lesen, Schreiben und Rechnen sicherlich nicht als ein unbedingtes Erfordernis für ihr Leben. Auch in unserem Ort wird die Meinung vorgeherrscht haben, dass "... 2 gesunde Hände und Füße reichen aus, um das Leben zu meistern, ..."[124]. So wundert es nicht, wenn Ausgangs des 18. und am Beginn des 19.Jahrhunderts kein ausgebildeter Lehrer im Dorf zu finden war. Für den Unterhalt des "Lehrers" mussten die Eltern selbst aufkommen, Schulgeld war fällig. So übernahmen zuerst einmal Handwerker des Ortes diese Aufgabe. Auf ihren Wanderjahren erlangten sie Kenntnis vom Schreiben und Rechnen. Sie hatten die Welt kennengelernt, auch wenn diese nur Storkow, Beeskow, Frankfurt/O. oder Berlin hieß, und konnten dieses Wissen weiterreichen. Auch ausgediente Soldaten, im Besonderen Unteroffiziere der preußischen Armee, wurden damals als Schulhalter eingesetzt. Für Groß Wasserburg ist anzunehmen, dass der Schneidermeister Martin Wunderlich als Schulhalter fungierte und die Kinder in seiner Schneiderwerkstatt unterrichtete. Diese Annahme wird auch dadurch gestützt, dass nach archivalischen Quellen schon 1805 im Ort unterrichtet wurde.
Eine einklassige Dorfschule bot selbstredend nicht die Lernatmosphäre heutiger

Schulen. Kinder von der 1. bis zur 8.Klasse in einem Raum, auf hölzernen Schulbän-
ken sitzend, wie sie auch in der Krausnicker Schule vorhanden waren, zu unterrichten
war für beide Seiten, Schüler und Lehrer, bestimmt nicht einfach. Der Lehrer musste
allen Kindern gleichermaßen Wissen vermitteln. Sport, oder wie damals gesagt wurde
Leibesübungen und später das Turnen als Unterrichtsfach, fand im Freien auf der
sogenannten Dorfaue gleich neben der Schule statt.

Heut steht auf dieser einstmals sandigen Freifläche ein Wohnhaus.

Schreiben, Lesen und Rechnen waren die
Grundfächer, dazu kam das Auswendiglerner-
nen von Gedichten und Liedern. Geschichts-
vermittlung beschränkte sich auf Wissen um
Jahreszahlen von Kriegen, Schlachten und
Herrscher rund um das deutsche Kaiser-
haus. Auch der Rohrstock durfte nicht fehlen, um preußische Zucht und Ordnung in
den kleinen Köpfen Einzug erhielten.
Der Schulgarten lag etwas abseits vom Ort
auf dem Tschellna und war wie schon erwähnt eigentlich der Garten des Lehrers,
den die Nutzung zukam. Wobei die Pflege
durch die Schüler im Rahmen des Unterrichts erfolgte. In den letzten Jahren des

Schulbank

98

Schulbetriebs fand dort auch der Sportunterricht statt.

Es gab regelmäßig Kontrollen zur Unterrichtsführung der Lehrer durch die Kreisschulinspektion Königs Wusterhausen. Am 9. März 1899 ist Lehrer Loecherts, am 27. November 1903 und 21. März 1924 Lehrer Dettweilers Unterricht geprüft und je ein Bericht[125] dazu erstellt. Seitens der Gemeinde gab es aber auch einen vergeblichen Versuch Dettweiler als Lehrer abzuberufen. Zitat aus dem Bericht der Schulinspektion: „Die anliegende Eingabe, verfasst von (Name bekannt), ist sozusagen ein Fastnachtserzeugnis. Am Fastnachtsfeste d. J. machten die dabei versammelten Gemeindemitglieder ihren Unmut Luft, dass Dettweiler nicht das Rechneramt in der neu gebildeten Genossenschaft für elektr. Lichtanlage ohne jeden Endgeld hatte übernehmen wollen. (...) Also wurde beschlossen, einen willfährigeren Lehrer hinzuzuziehen." Dazu kam, dass der Eingabeverfasser auf Dettweiler nicht gut zu sprechen war, weil der seinen Sohn „... wegen dauerndem Unfleiss und Unordnung bestrafte." Auf Anraten der Inspektion hat Dettweiler aber das Amt doch übernommen und blieb weiter Lehrer an der Schule.

Schulausflüge waren auch zur damaligen Zeit bei den Kindern sehr beliebt und Bestandteil der Lehrpläne. Mit einem Bus ging es nach Halbe zum Bahnhof oder direkt zu den Ausflugszielen, sei es nun nach Potsdam oder zu den Rauener Steinen. Aus Kostengründen nahmen an diesen Ausflügen die Schüler mehrerer Schulen teil. Auf dem Bild waren das die Schüler der Dorfschulen von Groß Wasserburg, Köthen und Leibsch.

Einen weiteren Einblick in das Schulleben erlangt man über die sogenannte „Versäumnis-Liste"[126]. Das war eine spezielle Kladde, in der jedes Fernbleiben vom Unterricht, ob entschuldigt oder unentschuldigt festgehalten war. 1927 hat Lehrer Dettweiler mit der Führung der Kladde begonnen. Wie sah das nun beim Fehlen am Unterricht aus? Fast alle Schüler haben Versäumniszeiten bis gegen 1937 aufzuweisen. Der absolute Schwerpunkt waren die Monate März und April, also die Frühjahrsbestellung, dicht gefolgt von der Getreideernte in den Monaten Juni und Juli. Auch die Größe der Bauernwirtschaften spielte eine gewisse Rolle. Bei Wirtschaften mit einer Größe von vier bis 7 ha an Ackerfläche waren Fehlzeiten häufiger festzustellen als bei den sogenannten „großen" Wirtschaften. Hier drückt sich das Fehl an Arbeitskräften und ein doch noch recht geringer Technisierungsgrad in diesen Bauernwirtschaften aus. Ohne dem Lehrer etwas zu unterstellen, aber er nahm sicher viel Rücksicht auf diese dörfliche Situation. Bei einer so langen Dienstzeit, wie sie Dettweiler aufzuweisen hatte, kannte er sich im Dorf aus und berücksichtige sicher so einige Male das Fehl mit „entschuldigt".

In den folgenden Listen sind die Anzahl der zu beschulenden Kinder des Dorfes ausgewiesen.

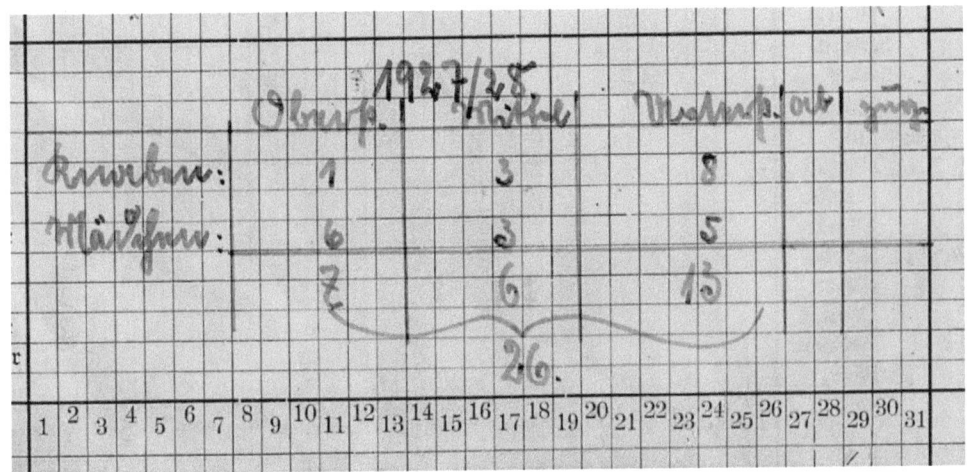

Neben der blanken Wiedergabe der Schülerzahl ist ihre Verteilung auf die einzelnen Klassenstufen von Interesse. Letztendlich gestattet sie auch einen Einblick in die einzelnen Geburtsjahrgänge. Für das Schuljahr 1933/34 ergibt sich folgende Schülerzahl:

Stufe VIII	gleich 8	Stufe III	gleich 4
Stufe VII	gleich 4	Stufe II	gleich 3
Stufe V	gleich 3	Stufe I	gleich 5
Stufe IV	gleich 5		

Insgesamt hat der Dorfschullehrer demnach 32 Schüler unterrichtet. Übrigens wurden die Klassenstufen rückwärts gezählt. So sprach man von „Achtklässlern" bei ihrer Einschulung. Etwas unrealistisch erscheint heute die damalige Einstufung in Ober-, Mittel- und Unterstufe unter dem Gesichtspunkt, dass man alle drei Stufen in einem Schulraum gemeinsam unterrichtete. Unterbrechungen des normalen Schulbetriebes waren deshalb auch sehr willkommen. Im Dezember 1939 kam es zu einer flächendeckenden Masernepidemie in den Unterspreewalddörfern und die Schule blieb für mehrere Wochen geschlossen. Für die nicht erkrankten Schüler bestimmt eine schöne Zeit. Als 1936 Karl Säger auf die Lehrerstelle im Ort berufen wurde, zogen deutlich spürbar Änderungen in der Lehrstoffvermittlung ein. Naturwissenschaftliches Wissen, Straffung der Wissensvermittlung in den Grundlagenfächern Deutsch und Rechnen sowie eine umfassende nationalsozialistische Erziehung standen ab da im Mittelpunkt. Selbst die Versäumnis-Liste blieb nahezu leer, ganz im Gegensatz zu den weiter vorher geschilderten Zeiten unter Dettweiler. Es muss also ein recht strenges Regime in den Schulbetrieb Einzug gehalten haben. Dazu kam, dass Säger wenig später auch als Ortsgruppenführer der NSDAP tätig war. Zu staatlichen Feiertagen oder dem Geburtstag des Führers und dörflichen Festen, wie dem Maibaumstellen, war das Tragen der HJ- und BDM-Kleidung für die Schüler Pflicht. Der Unterricht war während der Kriegsjahre nicht gefährdet und verlief in gewohnten Bahnen. Erst mit Kriegsende sollte sich das ändern. So waren allein 35 Kinder von Flüchtlingen / Heimatvertriebenen zusätzlich von Anfang 1945 bis September 1946 in den Unterricht zu integrieren. Diese in sich doch recht strengente Schulerziehung hatte auch zur Folge, dass nach dem verlorenen Krieg nicht sofort alles abgelegt werden konnte. Das kam der recht doktrinären Einflussnahme der russischen Besatzungsmacht auf das Bildungswesen entgegen und stieß daher auf wenig Widerstand bei den Schülern.

Schulbetrieb in dem kleinen Ort war ohne seine Lehrer nicht denkbar. Ihr Engagement legte trotz mancher Unwegsamkeit bei der Wissensvermittlung für viele Schüler den Grundstock eines erfolgreichen Berufsleben. Ob ein erfolgreicher Berufsabschluss, eine Meisterausbildung, ein Fach- oder Hochstuhlstudium gründete sich immer auf dem angeeigneten Wissen in dieser kleinen Dorfschule. Der Dank sollte deshalb auch den damaligen Lehrern gebühren. Es ranken sich viele Legenden und Erinnerungen um die alte Dorfschule und ihre Lehrer, deshalb soll mit der folgenden Aufstellung an sie und ihr Wirken erinnert werden.

	1805 bis 1810	kein Name bekannt, nur „Schulleiter", es ist anzunehmen, dass Schneidermeister Wunderlich aus Groß Wasserburg unterrichtete.
Klee	1810 bis 1819	„Schullehrer" in Groß Wasserburg
	1820 bis 1854	kein Name bekannt, nur „Schullehrer-Stelle" war besetzt
Heidepriem	1854 bis 1855	„Lehrer zu Groß Wasserburg"
Eilert	1855 bis 1857	„Lehrer zu Groß Wasserburg"
Myski	1857 bis 1867	„Schullehrer in Groß Wasserburg"
Kabelitz	1867	vom 30.01. bis 27.03.1867, war in Krausnick „Lehrer", in Groß Wasserburg kein Lehrer berufen, also Kabelitz war die Aushilfe
Loechert	1867 bis 1903	als Taubstummenlehrer ausgebildet, trat aus gesundheitlichen Gründen vom Lehramt ab
Dettweiler	1903 bis 1936	und Verwalter der Volksbibliothek, ging in Pension
Säger	1936 bis 1945	kam vom Seminar Jüterbog, im Rahmen der Entnazifizierung das Lehramt entzogen. Er schrieb auch die erste Schulchronik.
Grünherz	1947 bis 1948	Neulehrer
Frau Schneider	bis 1949	Nach Reichenwalde versetzt
Grams	1949 bis 1952	gleichzeitig Schuldirektor in Krausnick
Frau Franke und Frl. Pescheck	1950 bis 1952	Schulassesorinnen

ZEUGNISSE VON ANNO DUNNEMAL

Einen Einblick in den Schulalltag zu Kaisers-Zeiten und das vermittelte Wissen geben uns damalige Zeugnisse. Hier der Kopf eines derartigen Zeugnisses von 1904:

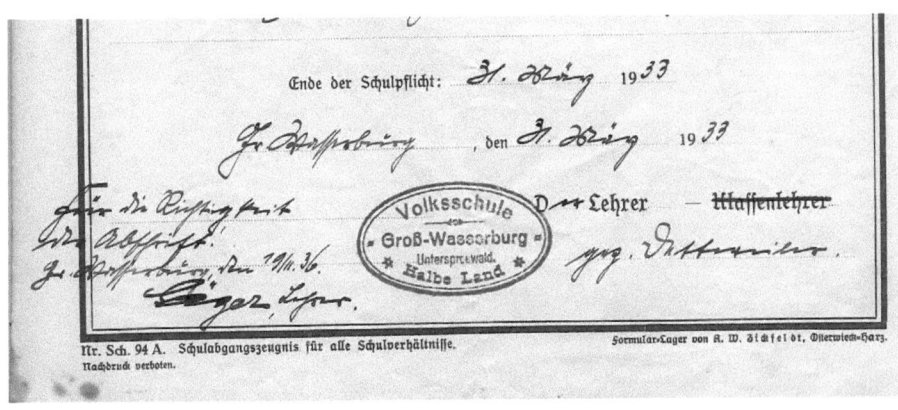

Unterschrieben ist das Abgangszeugnis vom Schulinspektor und dem Lehrer. Ein gesonderter Hinweis für den männlichen Schulabgänger besagte, das das Zeugnis "Bis zum Eintritt ins Militär zwecks Vorlegung bei der Militärbehörde sorgfältig aufzubewahren"[127] war. Wenn man so will, war das Zeugnis eine Art Personalausweis, zumindest bis zur Volljährigkeit. Volljährig war man damals erst mit 21 Jahren. 1915 reichte der Lehrer Dettweiler bereits ein anderes Schulentlassungszeugniss aus. Neben den Kopfnoten Betragen und Fleiß waren weitere 13 Fachnoten, von Religion über Raumlehre bis hin zu Deutsch und Rechnen, benannt. Im Kopf des Zeugnisses wurde ausdrücklich darauf verwiesen, dass die "... hiesige einklassige Volksschule ..." mit dem Besuch der "... Oberstufe ..."[128]- spricht nach 8 Schuljahren - beendet wurde. Hier Stempel der Schule, wie wir sie unter Zeugnissen der damaligen Zeit finden:

103

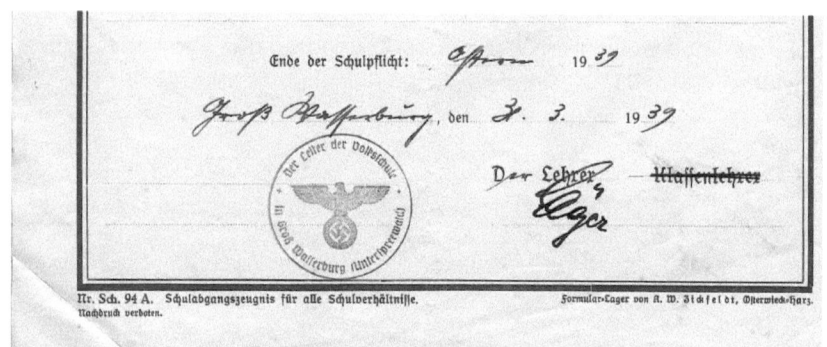

Wenn man bedenkt, dass der Lehrer allein in 13 Unterrichtsfächern Lehrstoff für alle acht Klassenstufen vermitteln sollte, ist das schon eine sehr beachtliche und anzuerkennende Leistung.

Zur Schule in Groß Wasserburg finden wir um 1905 folgende Angaben im Heimatkalender Beeskow-Storkow:

- Landgemeinde mit 244 Einwohnern, einer einklassigen Schule mit 1 Lehrer[129].

Lehrer Dettweiler mit seiner ,Rasselbande'

Deutſches Leſebuch
für Volkſchulen

5. und 6. Schuljahr

1. Auflage

XX

Gemeinſchaftsverlag der Union Deutſche Verlagsgeſellſchaft
und der Muth'ſchen Verlagsbuchhandlung. beide in Stuttgart

Nach der Machtergreifung von Hitler sind sehr schnell die Schulbücher im Sinne des Nationalsozialismus überarbeitet worden. Beispiel ist hierfür das Lesebuch[130] aus dem Jahr 1935. Mit ihm sollten sich die Schulkinder in das ‚Deutsche Wesen' hinein lesen. Von Walther von der Vogelweide, Ernst Moritz Arndt und Friedrich Schiller bis hin zum Nationalsozialismus war alles vertreten, was ein Kind wissen und begreifen musste/sollte. Immer wieder steht dabei der Kampf Deutschlands gegen seine Feinde im Mittelpunkt der Gedichte und Erzählungen. Zitate von Hitler und anderen Nazigrößen waren selbstverständlich allgegenwärtig. Das Lesebuch war in mehrere Abschnitte unterteilt: Jugendland, Menschenleben und Menschenschicksal, Heimat und Vaterland sowie aus

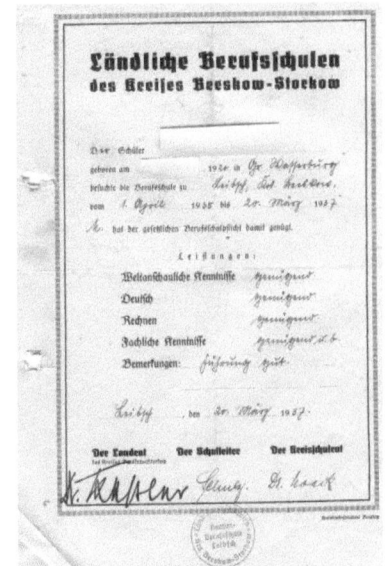

vergangenen Tagen. Ein Gedicht von HEINRICH LESCH „Soldatenabschied" verherrlichte bereits jetzt das millionenfache Sterben deutscher Soldaten im II. Weltkrieg. Es starben aber nicht nur deutsche Soldaten in diesem verbrecherischen Krieg.

Während der Zeit des Nationalsozialismus hatten Mädchen und Jungen nach ihrer Entlassung aus der Volksschule, also nach der 8. Klasse, die Pflicht zum Besuch einer einjährigen Berufsschule. In Groß Wasserburg gab es eine „Hauswirtschaftliche Berufsschule für Mädchen" und in Leibsch war das Pendant dazu als eine „Ländliche Berufsschule für Jungen" angesiedelt. Nebenstehend ist ein Abschlusszeugnis zu sehen. Für die Berufsschule der Mädchen hat man im Nebengebäude der Schule eine Koch- und Waschküche eingebaut.

DIE LETZTEN SIEBEN JAHRE DER SCHULE

Nach Ende des II. Weltkrieges war kein regulärer Schulbetrieb möglich. Durch die sowjetische Besatzungsmacht erfolgte ein radikaler Umbau des Bildungswesens. Dazu gehörte in erster Linie die sofortige Entlassung aller im Amt befindlichen Lehrer. So erging es auch Lehrer Säger. Nach bisherigem Kenntnisstand eröffnete die Schule erst im September 1945 wieder ihre Pforten. Die Kinder aus dem Ort gingen wieder zum Unterricht, ob sie einheimische oder zugezogen (also ehemals Vertriebene) waren. Ein Neulehrer übernahm diese Aufgabe. Viele Unterrichtsmittel stammten dabei noch aus der Vorkriegszeit. Schiefertafel mit Griffel und Schwamm war zunächst das

wichtigste Unterrichtsmittel der Schüler, denn Hefte und Schulbücher waren rare Artikel, Heizung oder elektrisches Licht galten als Luxus, trotzdem wurde beschult und gelernt. Noch Anfang der 50er Jahre erfolgten die ersten Schreibversuche der ABC-Schützen in vielen Schulen der damaligen DDR auf Schiefertafeln, und so natürlich auch an dieser Schule. Auch die Kosten für Unterrichtsmittel musste die Gemeinde selbst aufbringen. So hat die Gemeinde 1947 allein 100,00 RM für vom "Schulleiter" gekauften "2 Wandkarten" beglichen[131]. Es war ja notwendig geworden da das vorhandene Kartenmaterial noch ein Deutschland in den Grenzen von 1937 zeigte.

Es blieb auch nach 1945 bei der einklassigen Grundschule. Das Foto zeigt die „größeren Schüler" mit ihren Lehrern. Aber das sollte sich bald ändern, denn die letzten Jahre des Schulunterrichts im Ort waren ab 1950 angebrochen. Schrittweise erfolgte die Zusammenlegung der einzelnen Dorfschulen. Für Groß Wasserburg bedeutete das, die Kinder mussten nach Krausnick in die Schule fahren.

Aus einem alten Klassenbuch erfahren wir etwas zu den Lehrern und Interessantes zum Schulbetrieb dieser Jahre.

Als Name der Schule wird "Grundschule Groß Wasserburg" angegeben. Es betraf das Schuljahr 1951/52 und die Klassen 5. und 6., als Klassenleiter war Herr Hans-Joachim Grams tätig. In beiden Klassenstufen wurden insgesamt 11 Kinder be-schult[132]. Nach Geburtsjahrgängen schlüsselten sich diese 11 Kinder wie folgt auf:

1938	3
1939	1
1940	6
1941	1

Zwei weitere Wasserburger Schüler besuchten bereits ab 1.9.51 die Krausnicker Schule. Auch die Geburtsorte der Schüler widerspiegeln die Situation jener Zeit. Waren es zumindest bis 1945, fast ausschließlich Kinder aus dem Dorf, so hat sich das stark geändert. Von den 11 Schülern waren nur 4 in Groß Wasserburg geboren, die restlichen hatten in Stettin, Berlin, Tollenstein oder Märkisch Buchholz das Licht der Welt erblickt. In der SBZ hat sich die Lehrerschaft neu formiert. Neulehrer traten auch in Groß Wasserburg das Erbe der nationalsozialistisch belasteten Lehrer an. Heute

107

würde man diese Lehrer als Quereinsteiger bezeichnen.

Fach	Anzahl der Fachstunden (Soll pro Woche)		Name de...	
	laut amtlicher Stundentafel	laut Stundenplan der Schule		
		5/6 Schuljahr		
Deutsch	8 7	7 6	}	
Mathematik	6 5	5 5		
Geschichte	2 2	2 2		
Gegenw. Kd.	1 1	1 1	} Hans-Joach. Gra...	
Erdkunde	2 2	2 2		
Biologie	3 3	2 2		
Physik	- -	1 1		
Körpererziehung	2 2	2 2		
Musik	1 1	1 1		
Zeichnen	1 1	1 1		
Russisch	5 5	5 5	Sch.A.B. Franke	
Nadelarbeit	1 1	1 1	Frl. Pescheck -	

Im "Verzeichnis der Lehrkräfte"[133] sind insgesamt drei Lehrer aufgeführt, die in folgenden Unterrichtsfächern Wissen vermittelten:

Hans-Joachim Grams Deutsch, Mathematik, Geschichte,
  Gegenwartskunde, Erdkunde, Biologie, Physik, Körpererziehung, Musik und Zeichnen
Sch.A.B. Franke Russisch
Frl. Pescheck Nadelarbeit

Aus heutiger Sicht kann diese Leistung nur bewundert werden. Lehrer zu sein ist auch eine Berufung.
Herr Grams war gleichzeitig der letzte Schulleiter der Wasserburger Grundschule und musste diese auflösen, in Neudeutsch abwickeln.
Trotzdem blieb Schule immer noch Schule mit all ihrem Lernstress. Neben der normalen Wissensaneignung während des Unterrichts waren selbstredend auch Hausaufgaben gefordert. Aufsätze in der Freizeit zu schreiben war dabei nicht jedermanns Sache, aber man schrieb sie. Als Beispiel sollen Aufsatzthemen der 5. und 6.Klasse des Schuljahres 1951/52 aufgeführt werden[134]:

Was sagt uns Chamissos "Das Riesenspielzeug"?

Was sagt uns Schillers "Der Handschuh"?

Zum Geburtstag der DDR

Warum sind die sowjetischen Pioniere unser Vorbild?

Wie unterstützt die SU unseren Kampf um die deutsche Einheit?

Weihnachten, Fest der Freude und des Friedens

Adventszeit

Obwohl kein Schulgeld gezahlt werden musste und die Schulbücher sehr preiswert waren konnte nicht jede Familie das Büchergeld aufbringen. Der Staat steuerte dem entgegen und auf Seite 80 im Klassenbuch erfolgte deshalb ein "Nachweis der unentgeltlich abgegebenen Schulbücher". Insgesamt waren es 28 Schulbücher für dieses Schuljahr. Auch das musste damals sein: Auf Seite 116 steht ein Eintrag unter der Rubrik "Bemerkungen"; "Am 10.9.51 wurde eine Munitionsbelehrung durchgeführt." Weitere derartige Belehrungen fanden regelmäßig, und zwar nachweispflichtig am 2.10.51, 6.11.51, 24.11.51, 11.12.51 statt[135]. Nach über sechs Jahren Frieden war Leben also immer noch gefährdet. Trotzdem gab es auch erfreuliche Ereignisse in unserer Dorfschule: "Am 21.Dez. 1951 fand die Schulweihnachtsfeier in Krausnick statt, an der auch die Wasserburger Schulkinder teilnahmen. Die Kinder erhielten Stolle u. Kaffee, einen bunten Teller, Abendessen und kleine Geschenke. Am Gelingen der Feier haben sich die Mitglieder des Elternbeirates ... besonders hervorgetan. Bei frohem Spiel verlief der Tag ohne besondere Zwischenfälle."[136] Der Sprecher der Elternschaft war Bäckermeister Boge aus Groß Wasserburg. Er hat auch den Weihnachtsstollen gebacken. Am 4. September 1951 wurden 2 Schüler in die 1.Klasse aufgenommen." Ihnen wurde "... 1 Tafel, 1 Fibel u. ein Rechenbuch überreicht, ..."

Auf Seite 216 ist ein Eintrag des Schulleiters Grams zu lesen: "Mit Wirkung vom 10.Jan. 1952 wurde ich an die Grundschule Krausnick versetzt. Die Schüler der Kl. 4, 5 u. 6 besuchen vorübergehend die dortige Schule. Den Klassen 1, 2 u. 3 erteile ich bis Ankunft meines Nachfolgers tägl. 2 Std. Unterricht."[137]. Zwei Stunden Unterricht täglich, ein kaum nachzuvollziehendes Provisorium und dazu noch der ständige Ortswechsel zwischen den beiden Schulen. Also, auch ein altes Klassenbuch kann Interessantes berichten und einen Beitrag zur Ortsgeschichte leisten. Im Laufe des Jahres 1952 schloss dann die Schule endgültig und alle Kinder besuchten die 5-klassige Grundschule im Nachbarort Krausnick. Auf einem Foto des Jahres 1957 sind 20 Schüler der 7. und 8. Klasse mit ihrem Lehrer Rumpelt abgebildet. Von denen sind allein 7 aus Groß Wasserburger[138] gewesen.

Wenige Jahre später hatte auch die letzte Stunde dieser Schule geschlagen und die Schüler besuchten dann bis zur 8.Klasse die Zentralschule in Schlepzig - dem heutigen ASB Landschulheim "Unterspreewald". Daneben erfolgte bis in die 60er Jahre hinein die Beschulung zur sogenannten 'Mittleren Reife' (10.Klasse) in Lübben. Die Schüler wohnten dann über die Woche im Schülerheim. Das Abitur erlangten zur damaligen Zeit zwei Schüler an der Erweiterten Oberschule (EOS) in Lübben. Heute nennt sich diese Schule wieder Gymnasium.

Einfach hatten es die Lehrer damals sicher nicht, zumal auf dem Lande nach wie vor der elterliche Hof mit seiner Landwirtschaft im Mittelpunkt stand.

In der Folge ein paar Fotos zur Schule und seine Schüler:

Heute sind die meisten dieser Schüler Oma oder Opa

110

Schulentlassung – 1949

Konfirmation 1950

2.4. 1950

111

1967, mit der Eröffnung des Schulneubaus in Neu Lübbenau, gab es eine wesentliche Verbesserung der gesamten Beschulungssituation für die Unterspreewalddörfer. Aus den Orten Krausnick, Groß Wasserburg, Leibsch, Neuendorf am See, Hohenbrück, Neu Schadow, Alt Schadow, Kuschkow und Dürrenhofe kamen die Schüler der Jahrgangsstufen 1 bis 10 in diese „Allgemeinbildenden zehn klassigen polytechnischen Oberschule". Das „einheitliche sozialistische Schulsystem" war entstanden. Für die Kuschkower und Dürrenhofer Kinder war aber nach wie vor die Grundschule (1. – 4. Klasse) in Gröditsch zuständig. Eine Schülerzahl von 400 wurde zeitweilig von 30 Lehrkräften unterrichtet. Dass in den Anfangsjahren 39 Schüler pro Klasse unterrichtet wurden, ist heute kaum noch vorstellbar. Deshalb erfolgte ein Erweiterungsbau mit mehreren Fachunterrichtsräumen zur Entlastung dieser Klassengröße. Betreuungsangebote für Kinder und Jugendliche vor und nach dem Unterricht entwickelten sich hauptsächlich in sogenannten Arbeitsgemeinschaften.

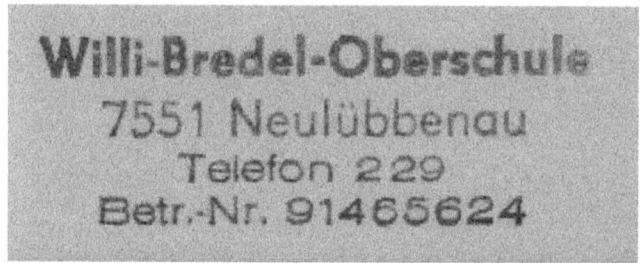

Ein Höhepunkt in der Schulgeschichte war die Errichtung der neuen Sporthalle neben der Schule. Sie wurde durch Eigeninitiative von Lehrern, Eltern und ansässigen Betrieben gebaut. In der Halle war Parkett verlegt, auch die neue Aschenbahn auf dem Sportplatz war toll. Ein seit den achtziger Jahren mit großem Fleiß und Begeisterung vieler Schülergenerationen funktionsfähig gehaltener Schulgarten mit Gewächshaus und Teichanlage fügte sich als regelrechtes Schmuckstück in die Schulanlage ein. Im Auftrag des Rates der Gemeinde und der LPG-Tierproduktion Neu Lübbenau wurde Anfang der siebziger Jahre neben der Schule und dem Kindergarten ein Kultur- und Speisezentrum erbaut. Eine moderne Großküche beköstigte Schüler, Lehrer, Genossenschaftsbauern und Bürger im Speisesaal der Einrichtung. Dieses Haus entwickelte sich zu einem kulturellen Begegnungszentrum der jungen und älteren Bürger des gesamten Unterspreewaldes.

Mit dem Beitrittsvertrag ist das Schulsystem der DDR abgewickelt worden und es ging für viele gefühlsmäßig zurück ins 19. Jahrhundert. Heut gibt es für die Eltern die Schulwahl und viele haben sich für einen weiteren Schulweg entschieden. Auch der drastische Geburtenrückgang nach der Wende hatte seinen Anteil an einer verringerten Schülerzahl. Damit war über kurz oder lang auch der Schulkomplex in Neu Lübbenau gefährdet. Unter dem Strich blieb die Abwicklung der Schule und es entstand durch komplexe Umbau- und Rekonstruktionsmaßnahmen die heutige KITA „Wirbelwind". In der Sporthalle haben Vereine ein zuhause gefunden.

Kindergarten

Einen ‚Erntekindergarten' gab es bereits vor 1945 im Dorf. Wie gesagt nur während der Ernte. Ganztagsbetreuung war aber schon eine neue Qualität und hat sich allmählich zu einer festen Einrichtung entwickelt, auf die die meisten Mütter nicht verzichten wollten.
Nach Kriegsende war die ehemalige Lehrerwohnung Wohnstatt für Vertriebenen. Als die Wohnung wieder freigezogen war bot sie sich für eine Nutzung als Kindergarten an. In den Sommermonaten und während der 8-wöchigen Schulferien sind die Räume als "Erntekindergarten" genutzt worden. Bereits kurz nach Kriegsende gab es auch in Krausnick eine solche Betreuungseinrichtung. Mittels dieser Vorschulerziehung war ein reibungsloser Übergang in den normalen Schulbetrieb gewährleistet. Für die Mütter war der Kindergarten ohne Zweifel eine Entlastung. So konnten sie sich der Hausarbeit, der Arbeit im Stall oder auf dem Feld ungestört widmen

Kinder-
garten
1959

Über die Jahre sind mehrere Frauen als Leiterinnen, Erzieherinnen, Helfer und Köchinnen in dieser kommunalen Einrichtung tätig gewesen.
Hier die namentliche Auflistung, soweit bisher bekannt:

- Edit Hanschke, Vera Voß, Frau Riehn, Frau Schäpe, Frau G. Miethling, Martha Reinke, Ingrid Salomon, Frieda Holzhüter, Ruth Schoor, Gudrun Bullan, Anni Buschick, Frau Grams, Ilse Menze, Frau U. Schulze, Erika Blümel

- Die Frauen Ruth Schoor, Ilse Menze und Ursula Schulze betreuten u. a. die Kleinen im Erntekindergarten bzw. in der sogenannten Kinderkrippe.

Für viele Kinder sind diese Jahre auch mit persönlichen Erlebnissen gespickt. So legten die Kindergärtnerinnen immer viel Wert auf die Entwicklung kreativer Fähigkeiten. Wer kann sich nicht an die Mappen mit den ersten Malversuchen oder die Bastelstunden erinnern. Die jährliche Kinderfastnacht, die Weihnachtsfeier, auch Abschlussfahrten der 'großen Gruppe', also der Kinder, die vor der Einschulung standen, so z. B. 1978 in den Berliner Tierpark, blieben dauerhaft in Erinnerung.

In den 80er Jahren wurden die Bedingungen im Kindergarten durch Baumaßnahmen bedeutend verbessert. So konnte die Küche modernisiert und ein gesonderter Wasch- und Toilettenraum geschaffen werden. Nach dem Abriss der alten baufälligen Fachwerkscheune erfolgte die Planierung des Geländes. Dem folgte eine Neugestaltung der Freispielfläche mit dem Bau des großen Sandkastens und der Sitzfläche. Alle Gehwege erhielten einen trittsicheren Plattenbelag. Dabei leisteten die damalige LPG (P) Dürrenhofe, die Firma Berndt und der VEB Holzwaren Betriebsteil aus dem Ort finanziell aber auch tatkräftig Unterstützung. Der Bürgermeisterin oblag die Organisation diese freiwilligen Leistungen. Zu einer normalen Kinderbetreuung gehörte auch die kontinuierliche kostenfreie ärztliche Betreuung. Die Kinderärztin war bei den Kindern ein gern gesehener Gast und sorgte für Abwechslung. In der Küche bereiten die Köchinnen schmackhaftes Essen zu. Die Kapazität der Küche reichte aus, um auch für ältere und pflegebedürftige Personen Speisen zur Verfügung zu stellen. Über die Volkssolidarität sind diese Speisen dann täglich ausgefahren worden. An Frau Marlies Sonneberg sei dabei erinnert. Sie fand immer ein passendes Wort und ein paar Minuten Zeit für die Rentner. Übrigens kostete damals ein Mittagsessen ca. 2,50 Mark der DDR.

Nach der Wende gab es plötzlich keinen Kindergarten mehr, der nannte sich jetzt KITA = Kindertagesstätte und es gingen auch keine Kinder mehr in die KITA, sondern

Kids. Bis zum Sommer 1993 gab es noch die KITA. Drastisch gestiegenen Unterhaltungskosten konnten weder von den Eltern noch aus dem Gemeindehaushalt in wirtschaftlichen Relationen bestritten werden. Ähnlich den Entwicklungen an den Schulen machte sich auch hier der Geburtenrückgang nach der Wende und eine damit einhergehende zwangsläufige Unterbelegung bemerkbar. So wurde der Kindergarten geschlossen. Das bedeute die Entlassung der letzten Leiterin Frau Gudrun Buhlan, der Betreuerin Anni Buschick und Köchin Erika Blümel. Alle Einrichtungsgegenstände werden über ein öffentliches Bieterverfahren veräußert. Wenn man so will, eine kleine Versteigerung. Auch etwas Neues im Ort, die Gemeinde erzielte dadurch eine zusätzliche Einnahme und es wurde nicht alles nutzlos auf den Müll geworfen. Bis dato waren Vorgänge wie Entlassungen, Kindergartenschließungen etwas Ungewöhnliches. In den folgenden Jahren ist das aber zu einem der bestimmenden gesellschaftlichen Faktoren in den neuen Bundesländern geworden.

Der KINDERGARTEN respektive die KITA hat aufgehört
zu existieren.

Brauchtum

TRADITIONEN

Kulturelle Traditionen entstehen meist aus Begebenheiten im Leben einer Gruppe von Menschen oder über durch staatliche Vorgaben. In den Dörfern am Unterspreewald sind Brauchtum und die damit verbundenen Traditionen hauptsächlich an den bäuerlichen Arbeits- und Lebensrhythmus gebunden und vielfach aus diesen hervorgegangen, denken wir nur an Erntedank oder die Kirmes. Auch kirchliche Bräuche haben sich als langlebige Traditionen erwiesen, siehe Ostern oder Pfingsten. Immer wieder erinnert man sich an sie bzw. sie werden wieder neu belebt. Auch in unserem Dorf ist das so. Gleichzeitig muss bedacht werden, dass Tradition und Brauchtum nur durch ein engagiertes Einbringen von Bürgern am Leben erhalten werden können. Vielfach wird dieses vorgelebte Engagement an die folgende Generation weiter gegeben. Auch mehrere Vereine haben sich mit ihren Ideen und Aktivitäten eingebracht und neue Traditionen geschaffen.

ADLERHORST

Nur noch mündliche Überlieferungen berichten von dem jährlichen Treffen, oder sollte man schon Markt sagen, auf Adlerhorst. Hier boten die Fleischer, Bäcker und Händler aus dem gesamten Unterspreewald ihre Waren feil. Manch Bauer hat mit Ferkeln oder Kälbern gehandelt. Natürlich durften die Gastwirte aus Groß Wasserburg oder Krausnick nicht fehlen. Spreewaldkähne waren hin sowie zurück ihre wichtigsten Transportmittel.

Auch ERXLEBEN wies auf dieses schöne Fleckchen im Unterspreewald hin, wenn er Kahnfahrten nach Schlepzig beschreibt. Beim Blick auf eine Ansichtskarte von 1900 kann man seine Empfindungen verstehen. Unsere Heimatdichterin ERIKA MENZE erinnert mit einem mundartlichen Wortwechsel zweier Wasserburgerinnen an diese längst vergangenen Zeiten:

Berte: Un in Pusch noachmittag schond een flottet Tänzchen ewagt,
un wievill Burschen hutten doa schond ne Foahne.

Marie: Ach in Pusch, des woa wie kleena Markt.
Poar Toage zuvor hutten wa alles scheen reene harkt.
Müllers Franz sein Voater koam efoahr'n met Koahn vull Bier,
un Fischers Richard hutte Zelt uff'eschloan
met scheene heeße Werschtchene.

Berte: Un Bäckersch aus Krausnick woar'n
met Schnecken un d Semmele hier.

Marie: Ja, ja, Schießbude stand och met Blum'n aus Papier.

Berte: Von Schlepzig koam de Jugend gleich met Koahn.

Marie: Noa, die koam'n meestens schonn feichtfrehlich an.
Ach ja, manchmoal waret doch janz scheen![139]

117

Heute ein Ding der Unmöglichkeit, dass am oder gar im Unterspreewald derartiges stattfinden könnte. Die Natur würde ja gestört, obwohl die Bauern damals stärker als heute von und mit der sie umgebenden Natur lebten.

DER MASKENBALL UND DIE FASTNACHT

Bis 1989 fand meist im Januar ein Maskenball in Müllers Saal statt. Er wurde vom damaligen Dorfklub organisiert. Dieser Maskenball führte den Reigen aller Maskenbälle rund um den Unterspreewald an. Über den errungenen Preis konnten sich die Teilnehmer freuen. Belohnte er doch ein tage- und wochenlanges Werkeln zur Kostümherstellung, und das in aller Heimlichkeit. Der Einfallsreichtum war schon recht erstaunlich, neben klassischen Kostümen gab es aber auch Schlümpfe, Kaffeemühlen oder die Neue Deutsche Welle. Auch das musste bedacht werden, wie komme ich unerkannt von meinem Hof und in Müllers Saal. Das Erraten der jeweiligen Person unter der Maske wurde den vielen Gästen nicht leicht gemacht, zumal auch aus anderen Orten des Unterspreewaldes Masken auftraten. Mit der Wende ist diese Tradition aus dem Kalender des Ortes verschwunden. Schade!

Eine andere Tradition in den Wintermonaten ist geblieben, die Fastnacht.

Das Foto zeigt die Groß Wasserburger Zampergesellschaft von 1951. Traditionell trugen die meisten Männer noch einen dunklen Anzug mit Zylinder oder Hut. An der

Kopfbedeckung waren bunte Bänder angebracht. Einer der letzten Hinweise auf den Ursprung des Zampern als sorbisch/wendische Tradition in unserer Region. Nur die Frauen begannen sich schon zu kostümieren. In späteren Jahren setzte sich die Kostümierung vollständig durch, aus Spaß an der Freude. Zwei junge Ehepaare[140] im Jahr 1954 als Mitglieder der Zampergesellschaft.

Auch in den 40 Jahren DDR hatte dieses dörfliche Fest seinen festen Platz im Dorfleben behalten. Es fand und findet bis in die Gegenwart jedes Jahr statt und gestaltet sich immer wieder als ein Erlebnis für die Einwohner und ihre Gäste. Häufig war sie

Anlass für Familientreffen oder den Besuch ehemaliger Wasserburger aus beiden Teilen des geteilten Deutschlands.

Einige Worte zur Fastnacht. Sie begann/beginnt mit einer oder zwei Fastnachtsversammlungen. Am Fastnachtstag wurde gezampert, das heißt von Hof zu Hof mit Musik gezogen, etwas gegessen, auch mancher Schnaps gehörte dazu. Für die übergebenen Eier, den Speck oder eine Geldspende gab es einen oder mehrere Ehrentänze auf dem Hof des Spenders, dann zog die Fastnachtsgesellschaft zum nächsten Gehöft. Es soll natürlich auch Teilnehmer gegeben haben die den Abend nicht mehr so klar sahen respektive erlebten. Aus diesem Grund wurde ab dem Jahr 2000 der Fastnachtstanz auf den Abend vor dem Zampern verlegt.

Der Nachwuchs für eine zünftige Fastnacht ist in nicht zu übersehen, wie hier im Jahr 1976. Jahre später zamperten dann viele von den Kleinen 1983 aktiv mit. Also Fastnacht war nicht nur für die Erwachsenen da, die Fastnacht hatte den Ort fest im Griff und fast alle machten mit.

1988 wurde immer noch gezampert. Wer erkennt sich wieder?

Meist eine Woche später klang die Fastnacht mit einem zünftigen Eierkuchenball aus. Die Fastnachtsgesellschaft vergnügte sich dann bei Eierkuchen, Schnaps und Bier. Bis in die 60er Jahren spielte dazu noch eine kleine Kapelle auf, in den 70er Jahren folgte meist ein Alleinunterhalter aus Schönwalde und heute wird bei Discoklängen tüchtig geschwoft. Im Jahr 2006 trat das Schweineballett und 2007 ein Harem auf.

Selbst Eis, Schnee und Kälte schreckt die Zamperer 2000 nicht ab.

Der Feuerwehrverein hat die Organisation der Fastnacht übernommen.

Auch 2014 setzt sich der Zamperzug wieder in Bewegung.

So stellte sich die Fastnachtsgesellschaft 2018 den Fotografen.

Breites Kulturangebot

Andere Zusammenkünfte und dörfliche Feste waren u. a. die Weihnachtsfeier für die Senioren des Ortes. Ausgelassen wurde erzählt: „Weißt Du noch, ..." und dabei auch das Tanzbein geschwungen. Viel Freude bereitete den Senioren der Auftritt der Kinder des Kindergartens. Waren es doch ihre Enkel und Urenkel, die ihr Können unter Beweis stellen konnten. Wenn die Alten feiern, dann dürfen die Jüngsten nicht fehlen. Eine Weihnachtsfeier für die Kinder gehörte gleichfalls zu den jährlichen Fixpunkten im Ort. Erst recht, wenn der Weihnachtsmann vom Waldrand mit Krupskys Ponykutsche abgeholt wurde.
Beide Feiern wurden zumindest bis 1990 vom damaligen Rat der Gemeinde finanziert und organisiert.

LANDKINO

Der Schulraum wurde über viele Jahre als 'Dorfkino' genutzt. Hier zeigte der Landfilm monatlich einmal die Stars der 50er und 60er Jahre in je einer Kinder- und Erwachsenenvorstellung. Wie in einem richtigen Kino verfügte der Raum über zwei Öffnungen in der Wand, hinter denen die Vorführmaschinen im Flur standen. Schließlich wollte man ja die Schauspieler verstehen und nicht das Geratter der Geräte. Erwin Hahn aus Schlepzig war damals der Filmvorführer. In einer Zeit ohne Fernsehen war das bestimmt geselliger für die Dorfbevölkerung als heute manch Abend vor dem eigenen Fernseher.

LUMA-FEST

Dass sich Unternehmen am dörflichen Leben aktiv beteiligen ist für das Dorf nichts Ungewöhnliches. Heute erfolgt dies hauptsächlich über ein Sponsoring. Vor dreißig, vierzig Jahren organisierten ortsansässige Firmen selbst Feste für ihre Mitarbeiter und die Einwohner des Ortes. Erinnert sei in diesem Zusammenhang an das sogenannte LUMA-FEST. Jährlich fand dieses Fest im Sommer statt, so u. a. am 1. Juli 1962 oder 29. August 1965.

SKAT- UND SCHAFKOPF-TURNIERE

Nachweislich seit 1961 führten Gastwirtschaft und die Ortsgruppe des Anglerverbandes diese beliebten Turniere durch. Roulade und Eisbein waren die Renner aus Regina Müllers Küche. Denn, wer viel Karten spielt und Bier trinkt der braucht selbstverständlich auch etwas Ordentliches als Pausenverpflegung. Der Angelverein setzt diese langjährige Tradition bis in die Gegenwart fort.

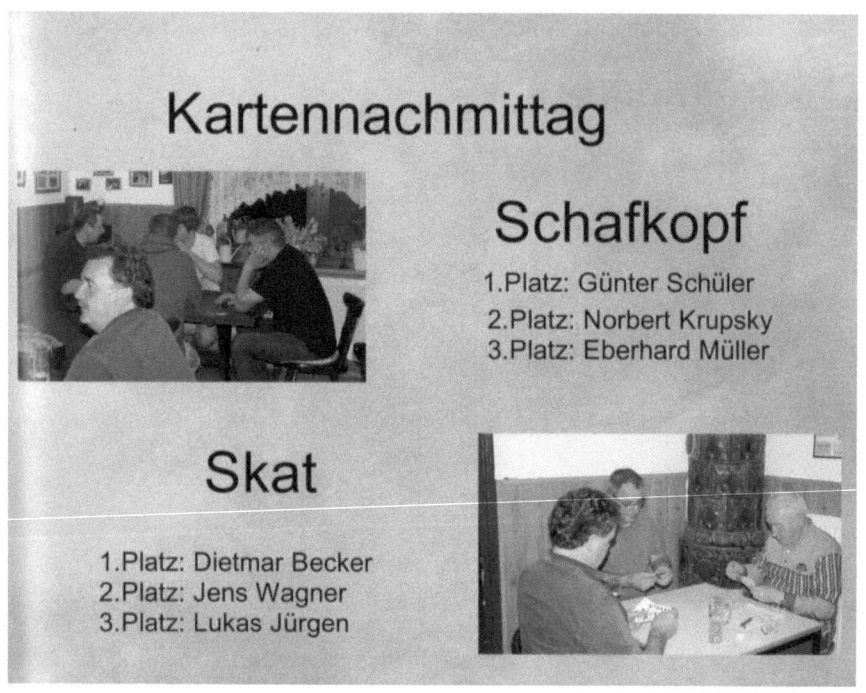

Kartennachmittag

Schafkopf

1.Platz: Günter Schüler
2.Platz: Norbert Krupsky
3.Platz: Eberhard Müller

Skat

1.Platz: Dietmar Becker
2.Platz: Jens Wagner
3.Platz: Lukas Jürgen

DAS DORFFEST

Ab 1979 fand jährlich im August wieder ein Dorffest statt. Übrigens gab es nur wenige Orte im Kreis Lübben die damals ein derartiges Fest organisiert und durchgeführt haben. Groß Wasserburg gehörte als einer der ersten Dörfer zu ihnen. Wasserburg war, wenn man so sagen will, ein Wegbereiter für eine sich wiederbelebende dörfliche Tradition rund um den Unterspreewald. Die damalige Bürgermeisterin unterbreitete dem Dorfklub die Idee und es gelang ihr, auch die dafür erforderlichen Genehmigungen bei den zuständigen kreislichen Organen einzuholen.

1.Dorffest am 01.September 1979

Natürlich stand unser Ort nicht so im Mittelpunkt des Kreisgeschehens bzw. stellte sich in diesen wie andere Orte. Deshalb behielt das Dorffest bis heute sein eigenständiges örtliches Flair und zieht nach wie vor viele Gäste an. Preisschießen und – kegeln, Tombola und der Kuchenstand, der Ausschank durch Müllers Gasthof oder das beliebte Aalgreifen gehörten einst dazu und wurden von Wasserburgern in Eigeninitiative organisiert. Anfangs spielte auch noch die Schallmeienkapelle der Wasserburger Feuerwehr und einige Jahre später eine Blaskapelle zur Unterhaltung auf. Neben den Vergnügungen kamen ab 1985 auch Verkaufsstände für verschiedene Waren hinzu. Der Stand des MAGAZINES aus der sowjetischen Garnison in Lübben (Bergstraße) gehörte mit dazu. Teppiche, Geschirr, Elektrohaushaltsgeräte, Werkzeug, Bleikristall usw. fanden rasch ihre Käufer. Meist Waren aus DDR-Produktion, nur im KONSUM bzw. der HO nicht ohne Weiteres zu bekommen. Der abschließende Tanz vereinte dann alle am Abend in Müllers Saal. Nach der Wende gab es Bemühungen dem Fest einen sogenannten „neuen Inhalt" zu verleihen. Ein vergebliches

Bemühen, eine dörfliche Tradition für politische Ziele umzufunktionieren. Das klappte schon zu DDR-Zeiten nicht und heute erst gar nicht. Das Dorffest ist ein Fest für die Groß Wasserburger und ihre Gäste geblieben. Der Feuerwehrverein hat sich seit Jahren die Organisation und Durchführung auf die Fahne geschrieben. Wenn wir diese Kameradinnen und Kameraden nicht hätten. Ihnen gilt der Dank.

1993 - aus luftiger Höhe eines Krankorbes

und 2001 mitten im Festumzug

Es folgt 2012 – Die Frauen vom Kuchenbasar brachten selbst gebackenes auf die Kaffeetafeln unter dem Festzelt. Auch die Schalmeien aus Potsdam spielten auf.

126

Es folgt ein Blick über den Festplatz.

Wie die wenigen Bilder zeigen, die Dorffeste sind immer ein Höhepunkt im gesellschaftlichen Leben des Dorfes. Hier treffen sich alle wieder und erinnern sich an gemeinsame Erlebnisse, kommen mit den Verwandten zusammen und verbringen ein
paar Stunden im Kreis der Dorfgemeinschaft.

SCHLEPP- UND HUBERTUSJAGD

Nach der Privatisierung der Staatsjagd und des Reiterhofs am Pichersee engagierten sich die neuen Eigentümer aktiv im gesellschaftlichen Leben der beiden Dörfer Groß Wasserburg und Köthen.

Ab 1992 haben sich die herbstlichen Schlepp- und Hubertusjagden des Gestütes 'Pichersee' um den 3. Oktober gleichfalls zu einer festen Tradition entwickelt. Alt und Jung finden sich dann auf der Festwiese am Wasserwanderrastplatz oder dem gegenüberliegenden Parkplatz ein und helfen den Reitern beim Bügeltrunk.

Um die Jagd und das Gestüt hat sich besonders Herr Schiel verdient gemacht (Bildmitte).

Der SPD-Fraktionsvorsitzende im Bundestag Frank Walter Steinmeier nahm am 3. Oktober 2013 als Gast teil, hier beim Schüsseltreiben in Groß Wasserburg.

DAS OSTERFEUER

Am Ostersonnabend, dem 11. April 1998 wurde seit langer Zeit wieder ein Osterfeuer entzündet. Übrigens eine Initiative von Frau Anita Krupsky, der Feuerwehr und der damaligen Bürgermeisterin. Über 170 Einwohner und Gäste schauten dem Spiel der Flammen vergnüglich zu. Neben dem Bierstand der Gaststätte Müller sorgte Wildschwein am Spieß für das leibliche Wohl. Das hatte die ortsansässige Firma Berndt gespendet. Das Echo der Anwesenden war durchweg positiv, dass eine alte Tradition wieder das Dorfleben bereichert. Viele sprachen sich für seine Beibehaltung aus, und so ist es auch gekommen. Heute kümmert sich der Feuerwehrverein um dieses schöne Fest und beschenkt die kleinen Kinder mit einer Aufmerksamkeit.

Eine zünftige Verpflegung gehört selbstverständlich mit dazu.

BLASMUSIKFEST

Ab 2000 fand über mehrere Jahre ein Blasmusikfest des Amtes Unterspreewald auf dem Festplatz statt. Neben den Auftritten verschiedener Blaskapellen kam es am

Abend vorher zum Tanz für Alt und Jung unter einem schönen Sternenhimmel. Über eine Vielzahl von Gästen aus nah und fern brauchte sich der Veranstalter nicht zu beklagen. Das Festzelt war immer bis zum letzten Platz gefüllt. Leider zog sich das Amt zurück und ein beliebter Treff für Alt und Jung verschwand aus dem Kulturkalender.

Vereinsleben

DER KRIEGERVEREIN

Es gehörte für jeden gedienten Mann zum guten Ton, dass er Mitglied in einer Soldatengemeinschaft war. Auch in Groß Wasserburg gab es vor dem Krieg die Krieger-Kameradschaft des Kyffhäuserbundes. Eine wichtige Feier, nicht nur für die Vereins-

kameraden, sondern auch im ganzen kaiserlichen Deutschland, war der sogenannte „Sedan-Tag". Es wurde an den siegreichen Krieg von 1871 und der gefallenen Soldaten aus dem Dorf gedacht. Neben den regelmäßigen Kameradschaftsabenden gehörten Wettschießen und das jährliche Maibaumstellen zum festen Bestandteil des Vereinslebens. Eine Teilnahme an den Schützenfesten in den benachbarten Orten war Ehrensache und dort konnte bewiesen werden, dass man auch die Waffe beherrschte. Ein Beispiel: 1938 wurde Karl Lehmann „Schützenkönig" in Krausnick. Der örtliche Schießstand befand sich neben dem Weg zum Wehla-Berg, zwischen dem Großen und Kleinen Grund. Auch nach 1933 blieb dem Kyffhäuserbund seine Selbstständigkeit eine Zeit lang erhalten und wurde nicht sofort gleichgeschaltet.

GST - SCHIESSSPORT

Der II. Weltkrieg war beendet, der Schießstand blieb viele Jahre erhalten, obwohl Waffenbesitz in der DDR verboten war. In den 1950er Jahren gründete sich eine Ortsgruppe der GST (Gesellschaft für Sport und Technik). Ab da durfte sogar wieder scharf geschossen werden, wenn auch nur mit Kleinkaliber-Munition. Gewehre und Munition mussten vom Schießbevollmächtigten aus der Waffenkammer in Lübben geholt werden. Anfangs schulterte Kamerad Dieter Menze die fünf KK-Gewehre, nahm die Munition in Empfang und ab ging es mit dem öffentlichen Bus ins heimatliche Dorf. So erfolgte auch der Rücktransport der Waffen nach Lübben. Luftgewehre waren dagegen freiverkäufliche Sportgeräte und gehörten auf jeden Hof. Was wurde da nicht alles unternommen um die Durchschlagskraft der Diabolos und Stahlpuschel zu erhöhen – Schwamm drüber. Mit den Jahren hat das Interesse der Jugend aber am Schießsport nachgelassen und so verwaiste der Schießstand, bis er im Zuge des Wegebaus teilweise eingeebnet wurde.

ANGELVEREINE

Ohne Fischen und Angeln ist der Unterspreewald einfach nicht vorstellbar. In vergangenen Zeiten bereicherten regelmäßig Fisch die Mahlzeiten. Hecht und Zander in

Spreewälder Fischsoße, Aal grün oder sauer eingelegt – welch Köstlichkeiten. War das Angeln anfangs ohne Genehmigung möglich, sind bald Erlaubnisscheine in irgendeiner Art erforderlich. 1918 wurden Fischereischeine „Nur für Reichsangehörige" ausgegeben. Schonzeiten und Mindestmaße für Fische hatte der Gesetzgeber schon früher festgelegt.
Das Fischen mit einem Fischspeer war bereits vor dem I. Weltkrieg verboten. Auf vielen

Höfen konnte man aber noch ein solches Gerät finden. In den Jahren nach dem II. Weltkrieg half er bestimmt mit, dass die Familie satt zu essen bekam. Mit beginnender Dämmerung ging es per Kahn in den „Pusch". Eine Fackel oder starke Petroleumlampe an der Kahnspitze leuchtet die ruhenden Fische an und dann mit dem Speer erlegt.
Mitglied im Angelverein zu sein war eine Selbstverständlichkeit. Die DAV-Ortsgruppe eine eingeschworene Gemeinschaft. Im vorigen Jahrhundert konnte noch in der Mühlenspree geangelt werden. Dieser

Rat des Bezirkes Cottbus

Jahresangelberechtigungsschein für Produktionsgewässer 19 1965

(Nur in Verbindung mit dem Deutschen Personalausweis gültig!)

Nr. 2934

Nicht übertragbar! Preis: 15, 7,50 DM

geändert:

Der Inhaber Karl Sch...

wohnhaft in Gr. Wass... Str. Nr.

Bezirk Cot... ...ns Lubben

ist berechtigt, mi...

2 Friedfisch...

...treffendes ist zu streichen!)

auf ... und -strecken zu angeln:

Köthener See

Kanal Mühlenspree

Lübben, 2. Jan. 1965

Ort ... 19..

Deutscher Anglerverband

Deutscher Angler-Verband (Betriebs-) Gruppe

Stempel d. zust. Orts- (Betriebs-) Gruppe

Unterschrift des Fischereiberechtigten

Produktionsgenossenschaft werktätiger Fischer Lübben-Spreew. in Lübben

Deutscher Angler-Verband Kreisfachausschuß Lübben

VEB Binnenfischerei Peitz Leitbetrieb für den Bezirk Cottbus

Unterschrift des Berechtigungsinhabers

BF 4 — Jahresberechtigungsschein für Produktionsgewässer

Vordruck-Leitverlag Osterwieck

Rückseite beachten!

Ag 305-63-DDR-903-29-263 IV-27-13 1822

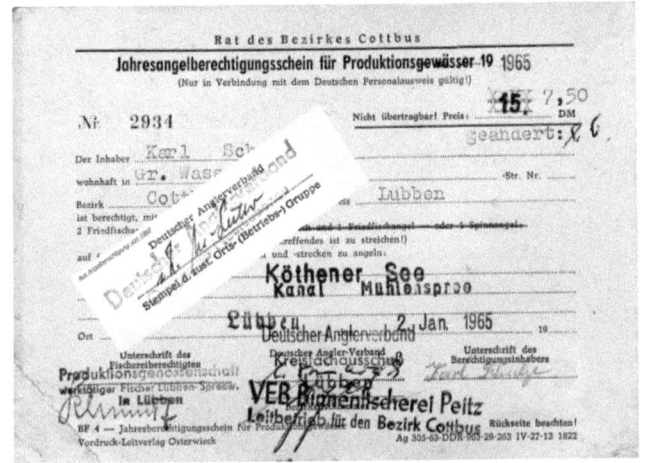

Spreearm wand sich durch die Felder bis zum Dahme-Umflutkanal. Im Zuge der großflächigen Melioration der 1970er Jahre wurde sie aber eingeebnet. Daneben boten die Fließe im „Pusch" und die Heideseen genügend Möglichkeiten, dem Angelsport zu frönen. Für die Produktionsgewässer, die Gewässernutzung lag beim Fischer, war eine gesonderte Genehmigung erforderlich. Teilweise konnte sie vom Vorsitzenden der DAV-Ortsgruppe Martin Luther noch ausgegeben werden.

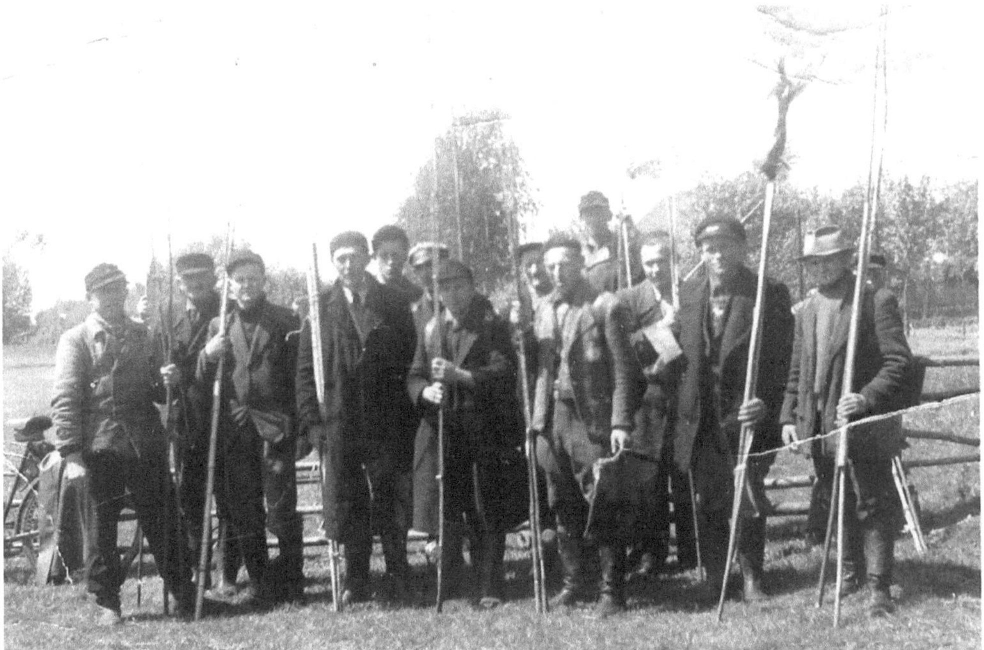

Die Ortsgruppe des DAV 1958

Die DAV-Ortsgruppe im Jahr 1965

Nahtlos ging aus der alten DAV-Angelgruppe per 3. Oktober 1991 der Angelverein „Unterspreewald" Groß Wasserburg e. V. hervor.

Unter seinem Vorsitzenden Mike Menze finden jährliches Anangeln, Pokalangeln, Spätangeln, Nachtangeln und Abangeln statt.

Ein kräftiges „Petri Heil" erklingt, wenn ein stattlicher Karpfen, Hecht oder Zander die Rute krümmt.

Aber auch das gehört zum Vereinsleben, Arbeitseinsätze an den Angelgewässern oder zum Gewässerreinigungstag. Letztendlich will man ja an sauberen Ufern einen gesunden Fisch anlanden.

Zum Vereinsleben gehört es auch, dass es ständig fortgeschrieben wird. In der jährlichen Fotochronik können sich die Mitglieder an viele schöne Tage in der Gemeinschaft erinnern.

EIN KLEINER FRAUENCHOR

Eine Frauensingegruppe bestand viele Jahre unter Leitung von Frau Wilk-Laudon aus Berlin. Regelmäßige Übungsabende fanden im Klubraum der Gemeinde statt. Auftritte anlässlich der Dorffeste, zu runden Geburtstagen oder bei Kreisausscheiden der Chöre in Lübben waren Höhepunkte für die Chormitglieder. Alle Chormitglieder investierten selbst in die einheitliche Bekleidung. Jeder sollte sofort erkennen, hier tritt der Chor aus Groß Wasserburg auf.
Einer der ersten Auftritte erfolgte noch in kleiner Besetzung zum Dorffest im Jahre 1979. Gemeinsam mit Wasserburger Schulkinder sangen damals die Frauen Wilk-Laudon, Erika Menze und Renate Witzsch.

Ein weiterer Auftritt, nun als Chor[141], erfolgte bereits ein Jahr später am 14.09.1980. Inzwischen war er auf 15 Mitglieder angewachsen:

Lehmann, Brigitte	Sonneberg, Marlies
Menze, Erika	Tschiersch, Uschi
Krupsky, Beate	Krupsky, Anita
Menze, Ilse	Witzsch, Renate
Miersch, Ilona	und aus Krausnick
Müller, Carola	die Frauen Brösner, Kukei
Krupsky, Ilona	und Schulze
Schüler, Helga	

Ein Teil des Chores beim Festumzug zum 2. Dorffest 1980 mit den Frauen Marlies Sonneberg†, Ilona Miersch†, Renate Witzsch, Anita Krupsky aus Groß Wasserburg und den beiden Krausnickern Frauen Brösner und Schulze.

Neben den „großen Auftritten" war es zur Tradition geworden, dass im Dorf anlässlich runder Geburtstage von Seniorinnen und Senioren neben den Glückwünschen ein fröhliches Lied gesunden wurde. Als die Chorleiterin in den verdienten Ruhestand trat und ihre Wochenendherberge im Ort aufgab, war auch das Ende des Chores gekommen.

DER JUGENDKLUB

Seit Mitte der 70er Jahre bis 1989 etablierte sich dann ein Jugendklub im ehemaligen Schulraum. Die Mittel für Mobiliar, technische Geräte, Heizung, Licht u. v. a. waren fester Bestandteil des jährlichen Haushaltsplanes der Gemeinde. Für die Jugendlichen war der Klub also kostenfrei. Über die eigene Hi-Fi-Anlage, von der Gemeinde finanziert, erklangen Discoklänge und mancher Abend endete mitunter, auch zum Leidwesen der Nachbarn, erst weit nach Mitternacht. Manche Geburtstagsfeier von Jugendlichen fand im Jugendklub statt.
Nach der Wende versiegte diese Quelle schrittweise. Das erzeugte Irritationen bei einigen Jugendlichen. Andererseits ist es auch richtig, dass man etwas für seine Freizeitgestaltung tun muss. Wer nur immer nimmt, vergisst das Fragen nach dem, woher und lernt, den Wert eigener Arbeit nur schwer zu schätzen. In der Nachwendezeit verwechselten auch in unserem Ort viele Jugendliche das Wort Freiheit mit Randale und Anarchie. 1992 ist nach fast dreijähriger Pause die Dorfjugend erneut in den Raum eingezogen. 1995 sollte nun endlich wieder ein eingetragener Jugendklub entstehen, der auch alle Rechte und Pflichten zu tragen hat. Der Landjugendverband versprach dazu seine Hilfe. Leider kam es nicht zu dieser vertraglichen Einigung und der Jugendklub verschwand aus dem Kulturleben des Dorfes.

DIE SCHALMEIENKAPELLE

In der Lausitzer Rundschau vom 10. Juni 1958 wurde eine "Selbstverpflichtung"[142] der Freiwilligen Feuerwehr veröffentlicht, dass sie eine Schalmeienkapelle aufbauen

will. Bereits im Herbst bestand sie und viele ehemalige Mitglieder der Kapelle erinnern sich noch gern an die Leistungsausscheide und Veranstaltungen z. B. in Cottbus, Forst, Beeskow, Königs Wusterhausen, Herzberg, Lübben, Wildau, am Hölzerner See, Staakow oder Luckau[143].
Auf einem Foto sind die Kameraden Lukas, Löffler und Leitert beim Auftritt im

Schützenhaus von Märkisch Buchholz zu sehen. Hier haben die Kameraden mehrmals aufgespielt und ihre Frauen kamen meist, um anschließend das Tanzbein zu schwingen. Auch in den späteren Jahren traten die Kameraden immer wieder auf. Zu Kreis- und Wirkungsbereichsausscheiden der Feuerwehren, anlässlich von Dorffesten oder dem Strandfest in Hohenbrück legten sie Zeugnis von ihrem Können ab. Fast keiner der Bläser konnte Noten lesen. Also wurden die Partituren entsprechend umgeschrieben. Sicher eine mühevolle Arbeit für das Kapellenmitglied Gerhard Buschick. Im Dorf gehörten sie wie selbstverständlich zum kulturellen Leben. So auch beim alljährlichen Zampern, wie hier von 1982 zu sehen.

Noch 1984 erhielten die Mitglieder der Schalmeienkapelle und alle Feuerwehrmitglieder neue Uniformen. Damit gehörte sie zu den wenigen Wehren des Kreises Lübben, in der alle Mitglieder mit einer Ausgehuniform bestückt waren. Neben den Uniformen gehörten natürlich auch Instrumente zu einer Kapelle. Beziehungen schadeten schon damals nicht. Jedes Kapellenmitglied sollte 100,00 Mark der DDR in einen Fonds einzahlen, von dem dann die Instrumente gekauft wurden. Kamerad Rudi Lukas leitete die Kapelle von ihrer Gründung bis 1970. In den ersten Jahren fanden die Proben in der Futter-/Sommerküche auf seinem Anwesen statt. Nachdem Kamerad Lukas die

Leitung abgegeben hatte, übernahm sie Gerhard Buschick.

Ein Auftritt beim Strandfest in Hohenbrück. Auf dem Foto sind folgende Kameraden zu sehen: Gerhard Buschik, R. Müllert, Gerhard Blümel, Werner Beil jun., Eckehard Krupskyt, Alois Hodnizeckt, in der zweite Reihe Kurt Lehmannt, Rudi Lukast, Reinhard Ackermann, Manfred Krupskyt, Willi Krupsky.

Wirkungsbereichsausscheid in Schlepzig – die Wasserburger spielten auf.

Die Groß Wasserburger Schalmeienkapelle in voller Besetzung. Das war schon ein stattlicher Klangkörper.

Anlässlich des 75. Jahrestages der Gründung der Groß Wasserburger Feuerwehr (18.08.2001) trat die Schalmeienkapelle nochmals auf und verabschiedete sich dann für immer.

Die Mundart am Rande des Unterspreewald

Wie entwickelte sich die Mundart rund um den Unterspreewald? Erinnert sei erstens an unsere Vorfahren. Woher kamen sie nicht überall her. Neben den ortsansässigen Sorben/Wenden und ihrer slawischen Sprache waren es die ersten deutschen Kolonisten aus dem niedersächsischen Raum, welche sich im Rahmen der mittelalterlichen deutschen Ostexpansion hier niederließen. Vor allem ihr Platt brachten sie ein. Ihnen folgten im 16. und 17.Jahrhundert Menschen aus Hessen und der Kurpfalz. Hier waren es sprachliche Einflüsse aus dem Alemannischen. All diese Menschen brachten dazu ihre eigene Lebensart, Lebenserfahrung und einen eigenen Dialekt mit. Im Laufe der Zeit verschmolzen diese sprachlichen Eigenheiten zu einem eigenständigen Dialekt in mehreren Variationen, den Mundarten. Als eine Besonderheit in unserer Region sind dabei die Verknüpfungen von deutschen mit den niedersorbischen Worten zu beachten, wobei einige Worte vollständig aus dem Niedersorbischen in die deutsche Umgangssprache übernommen wurden und auch heute noch verwendet werden. Die eigenen sprachlichen Wurzeln werden aus meiner Sicht gegenwärtig negiert oder fehlinterpretiert. Begünstigt dadurch, dass rund um den Unterspreewald seit ca. 150 Jahren die niedersorbische Sprache nicht mehr gesprochen wird. Wie fest die sorbischen Wurzeln in unserer Region verankert waren und sind, beweisen sorbisch/wendische Ortsnamen wie Leibsch, Krausnick, Schlepzig oder Oderin. Märkisch Buchholz nannte sich bis zu seiner Umbenennung unter den Nazis über viele Jahre Wendisch Buchholz. Jetzt aber zurück zur Mundart. Namen und Bezeichnungen sind natürlich nach wie vor fester Bestandteil und Ausdruck von Dialekten mit ihren. Mundarten dokumentieren sich vordergründig über das gesprochene Wort. Eine Niederschrift ist daher nur in einer Art Lautschrift möglich und die Schreibweise kann allerdings das gesprochene Wort nur annähernd wiedergeben. Wichtig ist, Mundart muss leben, also gesprochen werden.

Es folgen Bespiele mundartlicher Worte und ihre deutsches Pendant[144], wie sie aus den Gedichten und Geschichten[145] unserer Heimatdichterin ERIKA MENZE, zusammengetragen wurden:

Arke	Harke
Eite	Heute
Heifchinne	Häufchen
Goabel	Gabel
Jemiese	Gemüse
Jetreide	Getreide
Kernere	Körner
noa'harken	nachharken
Oamde	Abend
Troakiepe	Tragkorb
Werschtchenne	Würstchen

ab'edeckt	abgedeckt
dunka	dunkel
edrescht	gedroschen
elofen	gelaufen
eplucken	gepflückt
hook'eschmissen	hochgeschmissen
innewecht	eingeweicht
noah	nach
ruff'ereecht	raufgereicht
runjerissen	runter gerissen
uff'eschloan	aufgeschlagen
vastochene	versteckt
werschte	wirst Du
an'ereest	angereist
Sunntach	Sonntag
Koahnfoahrt	Kahnfahrt
Itze	Hitze
Freede	Freude

Was wird heute aus den Mundarten rund um den Unterspreewald? Der sprachliche Migrationsprozess schreitet in rascherem Tempo voran als noch vor 50 bis 60 Jahren. Denken wir nur an die sprachlichen Einflüsse durch die Vertriebenen nach dem Zweiten Weltkrieg oder den Zuzug von Menschen aus anderen Regionen Deutschlands in den Unterspreewald. Auch die englischen Spracheinflüsse hinterlassen bleibenden Einfluss auf unsere Alltagssprache, besonders ab 1990.
Vielfach wird Mundart mit Dialekt gleichgesetzt. Aber aus meiner Sicht ist die Mundart ein Idiom, welches auf einen kleineren Raum innerhalb eines Dialektgebietes begrenzt ist. An einem Beispiel möchte ich das abschließend deutlich machen. Noch die Generation unserer Großeltern konnte an bestimmten Redewendungen und Ausdrücken zwischen den Einwohnern aus Groß Wasserburg und denen aus Schlepzig unterscheiden. Obwohl bekanntermaßen beide Orte um den Unterspreewald angesiedelt sind. Mehrere Faktoren waren dafür aus meiner Sicht maßgebend gewesen:

• Obwohl Luftlinie nur ca. 6 km voneinander getrennt, stellte der unbewohnte Unterspreewald, auch als Pusch bezeichnet, eine Trennlinie für beide Variationen der Unterspreewälder Mundart dar.

• Zweitens wirkten die Staatszugehörigkeiten bis 1813 von Schlepzig zum Königreich Sachsen und Wasserburg zum Königreich Preußen noch über einen längeren Zeitraum nach. Am Pusch war auch die Staatsgrenze.
• Die landwirtschaftliche Erzeugung war auf eine regionale Vermarktung ausgerichtet. Für Schlepzig war das regionale Zentrum schon immer das ehemals sächsische Lübben, wohingegen Groß Wasserburg auf Wendisch Buchholz, Storkow und Beeskow in Preußen fixiert war und erst ab 1952 Lübben zugeschlagen wurde.

Diese Faktoren verdeutlichen aber auch, dass sich die direkten Kommunikationsbeziehungen auf den vielfältigsten Lebensebenen rund um den Unterspreewald nur langsam ausbilden konnten und sich erst mit der rasanten Umgestaltung der Landwirtschaft im 20. Jahrhundert forcierten. Dazu kam die Nähe zu Berlin und die daraus resultierenden wirtschaftlichen Beziehungen. Der im letzten Jahrhundert stetig gewachsene höhere Bildungsstand der Bewohner in den Dörfern um den Unterspreewald ist ein weiterer Faktor in diesem Prozess. Immer mehr hat sich damit eine Ausdrucksweise manifestiert, die an das Hochdeutsche angelehnt ist und regionale respektive örtliche sprachliche Eigenheiten zurückdrängt. Mit dem damit einhergehenden Verschwinden der Mundarten um den Unterspreewald geht auch teilweise das Zusammengehörigkeitsgefühl, die traditionelle Bindung der Menschen mit ihrer Heimat verloren. Heute klammert man sich an einzelne Traditionen und glaubt damit seine kulturelle Eigenständigkeit zu erhalten bzw. zu dokumentieren. Aber Kirmes oder Fastnacht gibt es überall. Wichtig wären in diesem Zusammenhang die regionalen Traditionen neu zu entdecken und zu fördern, die mit derartigen Festen im Unterspreewald verbunden waren. Viele Bewohner des Unterspreewaldes betrachten die Mundarten ihrer Heimat als etwas Vergangenes, nicht mehr in unsere Zeit passend. So geben sie unbewusst einen gehörigen Teil der eigenen Identität, Individualität und kulturellen Wurzeln auf. Umso mehr sind verschiedene Bemühungen um die Erhaltung der Unter- und Oberspreewälder Mundarten schon eher angetan, auf sprachliche Wurzeln hinzuweisen. Die Groß Wasserburger Mundartdichterin, Frau ERIKA MENZE hat viele Gedichte und Geschichten, vor allem über und aus dem Alltagsleben erfasst und niedergeschrieben. Abschließend soll sie daher mit Ihren Gedanken über die Mundoart-Dichtung und den Kaffee-Klatsch[146] nochmals zu Worte kommen:

Kaffee-Klatsch in Mundart woar nu schonnt des ... zigste Moal!
Die Begeisterung nimmt ßu von Moal ßu Moal.
Joa, soon Noachmittag is immer scheen, doa kinnta noch oale
Orjinale heern un sehn!
Der Freindeskreis wird immer greeßer un der frisch ebackne Kuche
dän backt erfoahrne Hausfraue ook nich besser.
Manch oalder Schwank, so manch Edicht
komm noa un noa widder an Toareslicht.
Wie de Leite hier vor hundert Joahrn eredt
des wird nu eite uffs Neie vor erbet.

Meerschtens kumm joa oale Weibere, die soone Eschichten hoan
esammelt, oaber schoade wärsch doch wenn des oalles moa
irjendwu vajammelt.
Un poar Weibere sin nu schonnt bekannt, die ok aus neie Zeit
hoan Eschichten ereimt un in oalden Dialekt ebannt!
Un die nu eftersch kumm zu sone Spinte,
doa sin nu schoot manch Jungschen bei, die ganz gerne ook so
reden kinnten!
Drum denk ich moal, wenn unse Mundoart-Spinten weita wern eflegt,
denne wärte joa der Grundsteen, des zu lerne, schoot elecht!

Aberglaube

Auch im Alltagsleben der Menschen manifestiert sich manch Tradition und Erfahrung im Volksbewusstsein. Einige erklären sich als Relikt überlebter Riten andere basieren in Erfahrungen aus dem Arbeitsleben. Alte Bräuche oder die Bauernregeln sind so im Gedächtnis der Bevölkerung fest verankert.

Pfarrer REUSCHE betonte extra für Groß Wasserburg, dass anlässlich einer Beerdigung auf dem Hof des Verstorbenen kein Pferd aus dem Stall geholt wurde. „Mußte der Pfarrer oder Lehrer zum Begräbnis geholt werden, so läßt man die Fuhre durch den Nachbarn ausführen" und „Die Stühle, auf denen der Sarg während der Trauerfeier im Hause gestanden hat, werden umgeworfen. Es herrscht die Meinung, daß der, welcher sich vorher daraufsetzen würde, sterben müßte[147].
Als Redewendung hat sich erhalten: „Mit den Füßen zuerst aus dem Haus getragen", bedeutet so viel wie der Betreffende ist verstorben.

Mit dem Bau der Feierhalle auf dem gemeindeeigenen Friedhof erfolgte dann allerdings keine Aufbahrung mehr im Haus des Verstorbenen.

Ein weiterer Sterbebrauch war, dass alle Uhren im Haus angehalten und sämtliche Spiegel verhängt wurden.

Verstarb jemand im Wohnhaus, so ist umgehend ein Fenster zu öffnen, um der Seele den Weg nach draußen / in den Himmel zu gewährleisten.

Ruft der Kauz nahe beim Hof, dann kehrt der Tod dort bald ein.

Die Trauerzeiten waren nach dem Stand des Verstorbenen innerhalb der Familie unterschiedlich geregelt. Für einen Verwandten ersten Grades dauerte diese ein Jahr, bei Geschwistern und Schwägern drei Monate. Für diese Trauerzeit war die Teilnahme an öffentlichen und privaten Feierlichkeiten untersagt.

Auch Besprechungen an Mensch und Tier war eine gängige und häufig angewandte Praxis - Auch wenn der Besprecher erst aus Platkow geholt werden musste. Selbst in der Gegenwart wird sie bei verschiedenen Erkrankungen noch angewendet. Erwähnt sei hier nur Besprechung bei Gürtelrose.

Selbst beim Hausbau, respektive seiner Einweihung, sind überkommene Glaubensvorstellungen erkennbar. So sind Schutzbriefe im Dachbodenbereich versteckt worden. Diese mussten vorher den Segen des Pfarrers erhalten haben. Natürlich nicht direkt, sondern meist unter der Bluse oder im Sacco versteckt erhielten sie mit dem Hausbesitzer zusammen den göttlichen Segen. Offiziell waren die Pfarrer natürlich gegen derartig heidnische Bräuche. Trotzdem hielt sich dieser Volksglaube noch bis weit in das 20. Jahrhundert.

Auch der Glaube an Hexerei war noch bis weit in das 20. Jahrhundert hinein vorhanden. Vor allem Frauen sagte man nach, dass sie das „Siebte Buch Moses" besitzen und somit über die Fähigkeit hexen zu können verfügen.

Selbst hinter solch banalen Silvesterbräuchen wie dem Bleigießen verbergen sich abergläubische Vorstellungen. Was wird da nicht alles in der entstandenen Form gesehen und soll dann so in Erfüllung gehen.

Ein weiterer Silvesterbrauch bestand darin, dass sich die jungen Mädchen und Jungen mit dem Rücken zur Tür auf den Boden setzen und einen Schuh hinter sich warfen. Zeigte die Schuhspitze auf die Tür, dann verlies die/der Betreffende das elterliche Haus im kommenden Jahr.

Vom Silvesterkarpfen werden Fischschuppen ins Portemonnaie gelegt. Geld soll dadurch nie ausgehen.

Neben dem Osterfeuer und Osterwasser, das am Karfreitag geholt werden musste, war das sogenannte „Patenpingel" holen eine alt hergebrachte Tradition. Ursprünglich besuchten die Kinder ihre Paten und erhielten Brezeln aus Kuchenteig. In späteren Jahren wurden daraus schon handfestere Patengeschenke.

Ein Sprung über/durch das Osterfeuer sollte großes Glück bringen.

Der 30. April wird auch als Walpurgisnacht bezeichnet. An Haus- und Stalltüren sind noch vor Mitternacht Kreuze aufzumalen. Damit soll Hexen und dem Teufel der Eintritt verwehrt werden um so Schaden von Mensch, Haus und Vieh abzuhalten.

In vergangenen Zeiten war das „Maien" zu Pfingsten eine überkommene Tradition. Aufbrechenden Birkenzweigen schmückten die Hauseingänge und Stalltüren. Wer einen solchen Zweig über das Jahr stehen ließ, bei dem soll der Blitz nicht einschlagen. Bei den Stalltüren hielten die Zweige Schaden vom Vieh ab. So wenigstens der Volksglaube.

Reste dieses Volksglaubens finden wir noch im Maibaumstellen oder bei den Birken-zweigsträußen an den Fahrrädern zu Himmelfahrt.

30. Oktober war die Hexennacht. Unverheiratete Jugendliche des Dorfes geisterten über die Höfe. Was für Schabernack wurde und wird getrieben, den Schornstein mit einer Glasscheibe abdecken, einen Handwagen mit Mist beladen auf das Dach bugsieren, sofern der Hausherr nicht anwesend war, Hof- und Gartentore aushängen und in die Mühlenspree geworfen. Strohgarben an die Hauseingangstür gelehnt und dann angeklopft. Aber auch manch Schubkarre voller Sand/Kies landete so vor einigen Haustüren. Am nächsten Tag begann dann das große Suchen und Aufräumen.

Kommt der Kuckuck Mitte April wieder ins Land, dann soll bei seinem ersten Rufen auf die Geldbörse geklopft werden und sie wird das ganze Jahr nicht mehr leer. Andere haben gefragt: „Kuckuck wie lange leb ich noch?" Nur Pech, wenn nur wenige Rufe zu hören waren.

Auch um die Kindstaufe rankt sich mach Aberglaube. Bei der Benetzung mit Taufwasser das Kind nicht schaukeln, sonst wird es im Alter „zittrig". Das Taufwasser soll erst mit einem weißen Tuch abgewischt und gleich danach ist mit einem roten Lappen über das Gesicht zu streichen, dann soll das Neugeborene stets rosig und zart bleiben.

Weit verbreitet war und ist der Glaube an alte Bauernregeln, der 100jährige Kalender ist ein Beispiel dafür. In der Folge einige solcher Regeln:

Sprüche, wie: „Im Märzen der Bauer seine Rösslein anspannt" begründen sich im Bestellrhythmus des Getreides.

Wenn es zu Lichtmess (2. Februar) schneit, ist der Frühling nicht mehr weit.

Lichtmess hell im Sonnenschein, kehrt der Winter nochmals ein.

Gewittert es in den März hinein, dann wird es eine gute Ernte sein.

Blühen im März gelbe Blumen, kann man getrost säen.

Im August viel Regen, das ist dem Bauern kein Segen.

Auch in der heutigen Zeit sind einige der aufgeführten Riten nicht in Vergessenheit geraten und werden immer noch praktiziert. Das erfolgt zwar nicht mehr in solch offener Art und Weise wie vor einhundert Jahren. Aber hin und wieder kann der aufmerksame Beobachter noch manch Zeichen dafür auf den Höfen erkennen.

Fazit

Vieles konnte dem Vergessen entrissen werden. Dazu trug nicht nur der Blick in alte Dokumente bei. Es sind vor allem die Erinnerungen an das eigene Leben und das unserer Vorfahren, welche die Geschichte des Ortes erst mit Leben ausfüllen. Der Blick auf die Ortsgeschichte ist daher auch immer der Blick auf ein Stück eigenes Leben.

Wer auf die Geschichte unseres Dorfes Groß Wasserburg blickt wird feststellen, dass sich unsere Vorfahren in nichts von den heute hier Lebenden unterscheiden. Sie lebten und dachten nur anders als wir. Deshalb sollten wir ihre Leistungen in den vergangenen Jahrhunderten auch so würdigen. Die Zeiten waren nicht immer einfach, aber sie meisterten sie erfolgreich und immer mit Blick auf die nachfolgenden Generationen. Das ist es vor allem, was wir für uns mitnehmen können.

GESCHICHTE IST IMMER DER WEG INS HEUTE.

So war 2016 der Winter am Kahnhafen.

Wehr und Schleuße zum Randkanal.

149

Für Speis und Trank sorgen der Dorfkrug und das Café.

Abbildungsverzeichnís

Literaturverzeichnis

[1] Vergl. Autor ...: Joachim Schölzel, Historisches Ortslexikon für Brandenburg Teil IX, Verlag Hermann Bohlhans Nachfolger, Weimar, 1989

[2] Gesetz über die Änderung zur Verbesserung der Kreis- und Gemeindegrenzen in der DDR vom 28. April 1950

[3] Besitz- und siedlungsgeschichtliche Statistik der brandenburgischen Ämter und Städte 1540-1800, Berthold Schulze, Kommissionsverlag von Gsellius, Berlin 1935

[4] Domänen und Domänenpächter in Brandenburg-Preußen im 18. Jahrhundert., Hans-Heinrich Müller, Seite152 ff

[5] Amtsgerichte im Kreis, Kreiskalender für den Kreis Beeskow-Storkow 1907, Selbstverlag von Erich Richter - Luckenwalde, S.61

[6] Entnommen der Chronik von Krausnick, Abschrift aus dem Amtlichen Kreisblatt für den Kreis Beeskow-Storkow vom 12. Januar 1856

[7] Reprint der Originalausgabe von 1902, Herausgeber: Horst Hup, 13125 Berlin

[8] Der politische und wirtschaftliche Kampf im Unterspreewald, Arthur Hennig/Neu Lübbenau, Kreiskalender Beeskow-Storkow, 1939, S. 48-50

[9] Strafverfügung Tgb.-Nr. 743 des Amtsvorsteher Streichan aus Krausnick vom 09.11.1936, Sammlung Heinz Witzsch, Groß Wasserburg

[10] Tatsachen und Legenden, Krieg gegen die Heimat, Ulrich Knödle, SDR 1998

[11] Bestellung und Kreditvereinbarung Oskar Pechnig, Radio-Grammophone Wendisch Buchholz, vom 05.11.1937, Sammlung Heinz Witzsch, Groß Wasserburg

[12] Auszug erstellt von Heinz Witzsch durch Einsichtnahme in die Dokumentensammlung der Familie Menze/Groß Wasserburg, wurde am 25.02.2006 durch Frau Erika Menze gestattet

[13] Deutsche Beamtenversicherung, Zusatzpolice 1939, Sammlung Heinz Witzsch, Groß Wasserburg

[14] Runderlaß des Ministers des Innern Land Brandenburg vom 17.Januar 1948, Faltbroschüre

[15] Preußen-Chronik – Preview-Page Seite 1 vom 08.06.2003

[16] vergl. Archiv Verfasser

[17] Einzelseite des Ausgabenbuches 1945

[18] Der Zweijahresplan 1949-50, Märkische Volksstimme, Ausgabe 151 vom 30.Juni 1948, S.4

[19] Märkische Volksstimme, Ausgabe 9 vom 12.01.1949

[20] Haushaltspaß für Gewerbliche Erzeugnisse, Rat des Kreises Beeskow-Storkow, Abt. Handel u. Versorgung, Druck 1948

[21] vergl. Haushaltssachkonten, Vordruck für die Rechnungsjahre 1947, 1948, 1949

[22] Umtausch Reichsmark in Rentenmark, Deutsche Wirtschaftskommission, Berlin W 8, Leipziger Str. 5-7, Berlin 1948

[23] Rat der Gemeinde Groß Wasserburg, Meldung über den Kassenverlust anl. Der Währungsreform 1948

[24] Gemeinde Groß Wasserburg, Titel: Anlage zum Haushaltsplan 1949

[25] Gemeinde Groß Wasserburg, Kombiniertes Zeit- und Sachbuch der Gemeindekasse für 1947/48, Gehälter für Gemeindeangestellte im Monat März 1947

[26] Anlage zur Haushaltssatzung Rechnungsjahr 1949, Vermögens- und Schuldenübersicht der Gemeinde Groß Wasserburg

[27] Naturschutzgebiete und Landschaftsschutzgebiete im Land Brandenburg (Stand 1950/Veröffentlichung 1952) Herausgeber: Landesregierung Brandenburg, Hauptabteilung Forstwirtschaft, "Landschaftsgestaltung und Naturschutz", Potsdam, Friedrich-Ebert-Straße 79-81

[28] vergl. Anruf des Amtsbürgermeisters Krausnick eingefangen am 11. 6. 1947 um 15.20 Uhr / Kopie Archiv Witzsch Inhalt: Aufforderung für eine Meldung zu den durchgeführten V.d.g.B. Wahlen

[29] vergl. Landrat des Kreises Beeskow-Storkow 08. Mai.1947, Anschreiben an die Gemeindevorsteher

[30] vergl. Kopie des Schreibens des Landrates vom 8.Mai 1947 an die Bürgermeister und Gemeindevorsteher des Kreises Beeskow-Storkow / Archiv Witzsch

[31] Beschluß über die Verbesserung der Arbeit des Rates des Kreises Lübben, Lübben 15.03.1954, S. 7

[32] Schreiben vom 12.Mai 1955 des Rat des Kreises Lübben, Abt. Finanzen/Haushalt an die

Gemeindeverwaltungen (Grundsteuerveränderungsordnung vom 3.2.1955, Ges.Bl. 14 Teil I, S.128)

[33] vergl. Rat des Kreises Lübben, Abt. Handel und Versorgung, Brief vom 29.Mai 1958, Kopie Archiv Witzsch

[34] Mitteilungsblatt Nr.5 des Kreistages Lübben vom 23.September 1958

[35] Gemeindevertretung von Groß Wasserburg, Ortsgestaltungskonzeption der Gemeinde, Beschluß der Volksvertretung vom 12.12.1985.

[36] Nationale Front der DDR und Ortsausschuß, Tag der massenpolitischen Arbeit , 1986

[37] Lausitzer Rundschau Nr.171 vom 22. Juli 1980, Die Bäume und Sträucher schützen (2)

[38] RdKr Lübben Abt. UWE, Ratsmitglied Herr Richter

[39] Mitteilungsblatt des Kreistages Lübben Nr. 13, Beschluß-Nr. 171, S.34

[40] Mitteilungsblatt des Kreistages Lübben Nr. 13, Beschluß-Nr. 171, S.32

[41] BLHA 6B B-St 274 - Wahl, Berufung, Vereidigung und Entlassung der Gemeindebeamten in Groß Wasserburg: 1888 bis 1930

[42] BLHA 6B B-St 171 – Wahl und Beschlüsse der Gemeindevertretung in Groß Wasserburg: 1892 bis 1916

[43] BLHA 6B B-St 275 – Vereidigung und Entlassung der Gemeindebeamten in Groß Wasserburg: 1933 bis 1937

[44] Ebenda, Vereidigungsniederschrift vom 30. März 1935

[45] Landrat des Kreises Beeskow-Storkow Abt. I/A.V., Rundschreiben an alle Amtsbürgermeister zur Weiterleitung an die Gemeindevorsteher, 1946

[46] Gemeinde Groß Wasserburg, Amtsbezirk Krausnick, Aufstellung des Gemeindewahlausschusses von Groß Wasserburg für die Kreis- und Landtagswahl, 1946

[47] Der Landrat des Kreises Beeskow-Storkow Abt. I/A.V., Rundschreiben an alle Amtsbürgermeister zur Weiterleitung an die Gemeindevorsteher, 1946

[48] Gemeindevertretung Groß Wasserburg, Einladung vom 29.05.1990 zur öffentlichen Gemeindevertreter- sitzung am 31.05.1990 (Aushang)

[49] Brandenburg Kommunal, Nr. 2/3 – Oktober 1992, Seite 4 & 5

[50] Aus den Storkowschen Amtsdörfern der Herrschaft Königs Wusterhausen, Lausitzer Landes Zeitung vom 15.01.1925

[51] Feue- und Lösch-Ordnung für das platte Land der Provinz Brandenburg ..., Beeskow 1848, § 25

[52] Ebenda, §§ 28 und 30

[53] Kreisfeuerwehrverband Beeskow-Storkow, Kreis-Kalender Beeskow-Storkow 1928, Günther Knüppel & Haeseler, Buchdrucker und Verlagsanstalt Beeskow i. d. Mark, S.97

[54] Preuß. Oberförsterei Kl. Wasserburg, Gesch.No. 143 vom 18.03.1928, zur Verfügung gestellt von der Försterei Krausnick, Kopie bei Sammlung Heinz Witzsch, 15910 Groß Wasserburg

[55] Kreisfeuerwehr Verband Beeskow-Storkow, Kreis-Kalender Beeskow-Storkow 1934, Günther Knüppel & Haeseler, Buchdrucker und Verlagsanstalt, Beeskow i. d. Mark, S.143

[56] Foto von Hans-Joachim Löffler, 15910 Groß Wasserburg, zur Verfügung gestellt

[57] vergl. Kreisfeuerwehr Verband Beeskow-Storkow, FFw des Ortspolizeibez., Kreis-Kalender Beeskow-Storkow 1935, Günther Knüppel & Haeseler, Buchdrucker und Verlagsanstalt, Beeskow i. d. Mark, S.143

[58] Kopie, Sammlung Heinz Witzsch, 15910 Groß Wasserburg

[59] Nach Angaben von Rudi Lukas, 15910 Groß Wasserburg

[60] Aushang, Archiv Rat der Gemeinde Groß Wasserburg, Stand 1985

[61] siehe u. a. VW-Plan der Gemeinde Groß Wasserburg von 1954

[62] Postkarte als Einladung für die Schulung am 21.10.1951 in Märkisch Buchholz

[63] Aus dem Gesprächsinhalt mit Kamerad Rudi Lukas/Groß Wasserburg vom 11.08.1984. Gespräch führte Heinz Witzsch.

[64] Kritik an Kuschkower Feuerwehr, Lausitzer Rundschau Nr.138 vom 18.06.1958, S.5

[65] nach Angaben von Hans-Joachim Löffler, 15910 Groß Wasserburg

[66] Gespräch mit Kameraden Löffler und Blümel vom 01.08.2011, Groß Wasserburg

[67] vergl. Brandschutzgesetz, Statut der Freiwilligen Feuerwehren, Abzeichen der Feuerwehren, Herausgegeben vom Ministerium des Innern, Hauptabteilung Feuerwehr, Staatsverlag der DDR, Berlin. 1.Auflage 1985

[68] Foto von Heinz Witzsch, 15910 Groß Wasserburg, 2003

[69] Auszug LPG-Buchhaltung, Sammlung Heinz Witzsch, 15910 Groß Wasserburg

[70] Foto Löschwasserhydrant vor dem Grundstück Müller, Aufnahme Heinz Witzsch, 15910 Groß Wasserburg

[71] Foto von Heinz Witzsch, 15910 Groß Wasserburg

[72] Foto vom Festumzug von Gerhard Blümel, 15910 Groß Wasserburg

[73] Sammlung Heinz Witzsch, Groß Wasserburg

[74])Einladung der Wehrleitung und Bürgermeisterin zur Festsitzung am 2.8.1996, Sammlung Heinz Witzsch, 15910 Groß Wasserburg

[75] lt. Adressbücher Kreis Beeskow-Storkow und Protokollen von Gemeinderatssitzungen (Kopien) der Sammlung Heinz Witzsch/Groß Wasserburg, Aufstellung Gerhard Buschick vom 21.09.2007 und Gespräch mit Rene Köppen vom 27.07.2011

[76] Adreßbuch des Kreises Beeskow-Storkow 1939

[77] Tabelle aus Unterlagen des BLHA Potsdam, Historisches Ortslexikon für Brandenburg Teil IX 1989, Adressbuch Kreis Beeskow-Storkow 1939, Haushaltspläne der Gemeinde Groß Wasserburg, Historisches Gemeindeverzeichnis des Landes Brandenburg 1975-1999 Landkreis Dahme-Spreewald, Amt Unterspreewald Einwohnermeldeamt

[78] Lehmann 2013, S. 34

[79] Nikolaus von Twickel, Nur noch im Schimpfen gut? Das Wendische der Sorben - eine Sprache stirbt, Märkische Allgemeine -Die Märkische - Wochenmagazin Nr.86 vom 12.April 1996, Seite 1

[80] Frido Mêtśk, Der Kurmärkisch-Wendische Distrikt, VEB Domowina-Verlag Bautzen, 1965, Seite 221

[81] Jacob Paul von Grundling, Brandenburgischer Atlas oder geographische Beschreibung der Chur-Mark Brandenburg und des dasigen Adels, Potsdam 1724, Reprint Verlag Klaus-D. Becker, Potsdam 2016

[82] Detlef Miethe, 04936 Schlieben, Beiträge zur Geschichte der Niederlausitz, Teil 7: Der Kurmärkisch-Wendische Distrikt von Preussen-Brandenburg, S.8 Internet vom 21.06.2003

[83] vergl. den Abschnitt mit Walter Wenzel, Lausitzer Familiennamen slawischen Ursprungs, DOMOWINA-Verlag GmbH, Bautzen 1999

[84] Michael Engler, Geschichte Mecklenburg - Vorpommern, 1 - Spurensuche -, gesendet am 15.03.1996 auf N3, © NDR 1993

[85] Peter Kunze, Durch die Jahrhunderte - Kurze Darstellung der sorbischen Geschichte, Domowina-Verlag, Bautzen 1980, Seite 6

[86] J.Balte, Berlin 1897 über Andreas Tharaeus "Eine erbermliche Klage... Geschehen im Jahre 1609", S.3

[87] ebenda, S.4

[88] ebenda, S.3

[89] Reusche, Zur Volkskunde der Unterspreewalddörfer, Lausitzer-Landes-Zeitung, 11. + 18.8.1925, Cottbus, Abschnitt I

[90] Franz Müller, Mönche legten einen Hof an und gründeten den Ort, Märkische Allgemeine Nr. 195 vom 21.August 1996, Seite 17

[91] Peter Kunze, Veränderungen in der ethnischen Bevölkerungsstruktur, aus Der Niedersorben Wendisch, Domowina-Verlag Bautzen 2003, S.88

[92] Reusche, Zur Volkskunde der Unterspreewalddörfer, Lausitzer-Landes-Zeitung, 11. + 18.8.1925, Cottbus, Abschnitt I

[93] ebenda, 11. + 18.8.1925, Cottbus, Abschnitt I

[94] ebenda, 11. + 18.8.1925, Cottbus, Abschnitt I

[95] ebenda, 11. + 18.8.1925, Cottbus, Abschnitt I

[96] vergl. Gabriele Pfnister, Die Sprachsituation im gemischtnationalen Gebiet am Beispiel des Deutschunterrichts..., Geschichte und Gegenwart des Bezirkes Cottbus, Heft 11, 1977, S.147 ff

[97] Reusche, Zur Volkskunde der Unterspreewalddörfer, Lausitzer-Landes-Zeitung, 11. + 18.8.1925, Cottbus, Abschnitt I

[98] Vortrag Ulf Jakob, TU Berlin, Die Sorben/Wenden als ein Motiv des Lausitzbildes im Dritten Reich am 16.11.2012

[99] Jenseits von ODER UND NEISSE veröffentlicht mit Lizenz-Nr. 158 der SMAD, Seite 6-7

[100] Die ODER-NEISSE Friedensgrenze, Hrsg. Amt für Information der Regierung der DDR, 1950, S. 61

[101] Gespräch des Verfassers mit Frau M. Last vom 30.03.1997

[102] Gespräch des Verfassers mit Frau Erika Menze geb. Traeger vom 21.01.2004

[103] Schulversäumnisse Gr. Wasserburg vom 1. 10. 1927 bis 2. Sept. 1946, Gerhard Klemke, Cottbus, Einsichtnahme vom Verfasser am 10.01.2019

[104] Kopie des Verfassers aus dem Einnahmetagebuch der Gemeinde Groß Wasserburg für das Rechnungsjahr 1939, Original im Kreisarchiv LDS

[105] W. Erxleben, Chronik der Ortschaften des Unterspreewaldes, 1. Heft Chronik von Köthen, Verlag Oskar Knüppel in Beeskow 1913, Seite 9

[106] Vergl. Chronik der Gemeinde Krausnick

[107] Vergl. B. H. Witzsch, Geschichte Groß Wasserburg, Teil 1/ 2004

[108] Vergl. BLHA, Rep24 Beeskow-Storkow, 1839

[109] Vergl. „Lesen, Schreiben und Beten", DER TAGESSPIEGEL, 12.08.2013

[110] Johann Porst, Geistliche und lieblichte Lieder, Jonas Verlagsbuchhandlung Berlin, Sammlung Witzsch

[111] Chronik der Gemeinde Krausnick und BLHA 2A II B 580

[112] BLHA, Rep37 KWH 1192, An den Schulamts-Kandidaten Herrn Albert Dettweiler, 3. Sept. 1903

[113] Vergl. Kreiskalender Beeskow-Storkow der Jahre 1908 bis 1941

[114] Entnommen der Chronik der Gemeinde Krausnick

[115] Art der vollzogenen körperlichen Züchtigungen um 1900, Chronik der Gemeinde Krausnick

[116] Vergl. Weimarer Reichsverfassung vom 11. August 1919, Art. 144

[117] BLHA Potsdam, Rep 2A II B 582

[118] Schreiben des Landrates des Kreises Beeskow - Storkow vom 30.Dezember 1913 an den Gemeinde - Vorsteher in Groß Wasserburg

[119] Ebenda

[120] vergl. Chronik der Schulaufsichtsbehörde Beeskow 1933-1943

[121] RepKWH 1192, Lehrerstellen in Groß Wasserburg, 1854 bis 1916

[122] Schreiben des Landrates des Kreises Beeskow - Storkow vom 30.Dezember 1913 an den Gemeinde - Vorsteher in Groß Wasserburg

[123] vergl. Chronik des Schulaufsichtskreises Beeskow für die Jahre 1933-1943

[124] Die Stadt Märkisch Buchholz, Das Schulwesen, S.18

[125] Rep37 KWH 1192, Lehrerstellen in Groß Wasserburg, 1854 bis 1916

[126] Schulversäumnisse Gr. Wasserburg vom 1. 4. 1927 bis 1946, Kladde im Besitz von Gerhard Klemke, Cottbus, Einsichtnahme durch den Verfasser 2019

[127] Meldebuch für die ständige Wohnbevölkerung (Groß Wasserburg) Jahr....: 1936

[128] Vordruck Schulentlassungszeugnis, Ausgabejahr 1904

[129] Vordruck Schulentlassungszeugnis, Ausgabejahr 1915

[130] Deutsches Lesebuch für Volksschulen, 5. und 6. Schuljahr, Gemeinschaftsverlag der Union Deutsche Verlagsgesellschaft, Stuttgart, 1935

[131] M. Figula, Heimatkunde des Kreises Beeskow-Storkow, Druck und Verlag Walter Kruse Storkow ca.1907, Reprint im Stadtarchiv Beeskow am 03.04.1995 eingesehen

[132] Gemeinde Groß Wasserburg, Kombiniertes Zeit- und Sachbuch der Gemeindekasse für 1947/48

[133] Klassenbuch, Verlag Volk und Wissen Verlag - Berlin/Leipzig 1951,Seite...:A der Grundschule Groß Wasserburg

[134] ebenda

[135] ebenda, S.207

[136] ebenda

[137] ebenda, S.216

[138] Chronik von Krausnick, Ursula Holzhüter, Rosemarie Kuhlisch, Werner Schoor, Joachim Hermann, Gerhard Klemke, Erwin Berndt, Horst Lindow

[139] Erika Menze, 15910 Groß Wasserburg, Aus der Jugendzeit um 1900 (aus einer Unterhaltung im Jahre 1957)

[140] Regina & Reinhard Müller / Ingrid & Werner Ackermann

[141] Angaben von den Frauen E. Menze und R. Witzsch. Beide waren Mitglied in diesem kleinen Chor,vom 21.01.2004

[142] Gute Taten der Feuerwehren, Lausitzer Rundschau Nr.131 vom 10.06.1958, S.5

[143] Gespräch mit Kameraden Löffler und Blümel vom 01.08.2011

[144] Sammlung Witzsch, 15910 Groß Wasserburg, Mundartliche Wortsammlung

[145] Erika Menze, So bunt ist das Leben nicht nur in Mundoart, REGIA Verlag Cottbus, 2006

[146] Erika Menze, 15910 Groß Wasserburg, Niederschrift Nr. 181 vom 13.04.1997

[147] Pfarrer Reusche